ブッダとなる瞬間

◇◇◇マインドフルに生きる◇◇◇

お母さんと先生に贈るブッダの教え
日本の坊さんが体験した初期仏教の冥想

劣秃　吉水秀樹

コスモス・ライブラリー

ブッダの言葉

空にはさまざまな風が吹きます。東風や西風、北風や南風、ほこりだらけの風にほこりのない風、冷たい風、暑い風、暴風にそよ風——たくさんの風が吹くのです。同じように、身体には心地よい感覚、不快な感覚、どちらでもない感覚が生じます。瞑想者がしっかりと観察して、自分の理解力（サンパッジャーナ）をなおざりにしなければ、そんな賢明なひとには感覚が充分にわかります。感覚が充分にわかれば、そのひとはこの人生そのものにおいて自由になります。そんなひとは、人生の終わりにはダンマと感覚の完全な理解にしっかりと立っているので、条件づけられた世界を超えた、言葉では説明できないステージに到達するのです。

ブッダとなる瞬間　◎　目次

カバーの挿画は、故　中島宗次さんが描かれて当山に喜捨されたものです。

まえがき

　軒で餌をついばむ一羽のスズメでさえ、何ひとつ所有せずにほのぼのと幸せそうに生きています。そんな一羽のスズメとひとりの人間の命を比べて、どちらが幸福に生きているのかと考えたことがありますか？　万物の霊長と言われる人間の姿はどのようなものでしょうか？　私の周辺だけでもたくさんの人が自殺を選びました。同じ仲間を殺し戦争をするのも人間だけです。人間である私たちの現在の暮らしぶりは、一種の病状と見なすことさえできます。物質依存症、喜びに欠けたイライラ病に冒されているのです。他の生命から見たら、迷惑きわまりない自我肥大による自己中心症です。こういった病状、つまり、まちがいの根本原因は、他の生物より優れているとされている人間の脳の機能、思考である。ブッダは二六〇〇年も前に、そのように言明されています。そして、そのまちがいの原因を取り除く方法まで、「四諦」四つの真理として、その具体的実践を「気づきの冥想」として、明確に説かれています。

　そもそも人間は考え過ぎるのです。考えることが良いことと信じて、際限なく考え続けます。ブッダによれば、人間のこころを汚す唯一の原因は思考です。思考やそこから生じる感情によって、ありのままに事実を見ることができなくなっているのです。考えるから、怒る、嫉妬する、落ち込む、悩む、傲慢になる、他人を軽視する、人と比べる、自分の殻に閉じこもる。自殺を選んだ人は身体を殺したかったのではなく、本当はそのまちがった思考を止めたかっただけなのかもしれません。

考えることは煩悩であり、思考が多いほど悩みが多いのではないでしょうか？　だから、思考を捨てれば捨てるほど悩み苦しみが減り、感情（欲・怒り・憎しみ・嫉妬…）に悩まされることが少なくなっていきます。この思考を捨てるということに魅力を感じませんか？　チャレンジしてみようとは思いませんか？　これを実践することは決して難しいことでも、めんどうな修行でもありません。そう言われても、やはり難しいのでは、と考えるのもわかりますが、実際にはあまりにも単純なことなので、かえって理解できないのです。実行してみれば、速やかに変化が起こると、私はあえて請け合うことができます。

すべての解決のカギは、常に「今ここ」「あるがまま」の今の瞬間にあります。「今ここ」「あるがまま」には思考はないからです。初期仏教に伝わるパーリ語経典『ブッダのことば』に、思考を捨て幸福にいたる実践の全貌が説かれています。その全貌を、できるかぎり日常の平易な言葉に直して、みなさまにお伝えしたいと願い、私は本書を書いてみました。

私は、世界を変えることは難しいことだと思い込むべきではないと思います。なぜなら、「世界と私はひとつ」なので、今この瞬間に私が変われば、世界も変化するからです。

今日は、春のお彼岸も終わり、ポカポカした陽気ののどかな日です。青空がひろがり、鶯の声とグランドでクラブ活動をしている高校生の声が響いて、竹林の笹が爽やかにゆれています。何という穏やかな日でしょう。世界が二つあるわけではなく、今私が見ているこの世界が、ただひとつの「ありのままの世界」です。だから、今、世界中の人のこころから怒りや憎しみがなくなれば、世界がたちまち平安になることは明らかです。それは、イマジン、空想でも何でもありません。今ここにある、あるがままの世界に平安が訪れるのです。それは、私たち一人ひとりが、世界平和のために自分のなすべきことに気づいて、つべこべ言わずに、黙々となすべきことをやりさえすれば、現実のものとなります。世界を変えることができるのは、政治家や権力者といった人々ではありません。どこにでもいるごくふつうの人、私たちです。子どもを変える力を持っているのは、まず「お母さん」です。太陽のように明るいお母さんに育てられた子どもは、どのような逆境に置かれても、その明るさと海のように広い愛情を生涯忘れることはないからです。そして、人の話を聴ける「お父さん」であり、さらに、子どもに何を教えることが本当の教育なのかを理解している、真に道徳が具わった「先生」です。そういうわけで、私は本書をすべてのお母さんとお父さん、先生方に贈りたいと思います。

本書はまた、日本仏教の小さな寺のごくふつうの坊守である私が、東南アジアに伝わる初期仏教に出会い、そこで連綿として受け継がれてきた「気づきの冥想」実践に、日本テーラワーダ仏教協会のスマナサーラ長老の書かれた書物に基づいて、ほんの数年ですが、取り組んできた体験録にもなっています。本書で私は、その「気づきの冥想」実践の道を、みなさまと一緒にできるだけ遠くまでたどってみようと思っています。

「ブッダとなる瞬間」本題について

ここで私が言う「ブッダ」とは、パーリ語のbujjhatiブッジャティ「目覚める」の過去分詞のbuddhaブッダで、「目覚めた」「目覚めた人」という意味です。つまり、この本のタイトルは、「目が覚めた瞬間」という意味です。ですから、どうぞ「私は最終解脱者です」と語るような怪しい輩《やから》がひとり現れたと思わないでください。そもそも私は、在家仏教徒の五戒すら守れない愚かな、どこにでもいるひとりの人間です。都の辰巳といわれる京都の東南、宇治市の山の麓にあるお寺で生まれました。田舎のお寺だったので、木魚と念仏の声に慣れ親しんで育ちました。子どもの頃から、お説教師さんのお話を聞くのが好きで、お経や法話の流れをなんとなく理解していました。そして、子どもごころにお説教を聞いて、いくつか疑問に思うことがありました。

・西方極楽世界って本当にあるのだろうか？
・阿弥陀さまは本当にいる神さまなのだろうか？
・お釈迦さまと阿弥陀さまの関係はどうなっているのだろう？
・どうしてお釈迦さまのように覚りはひらけないと言うのだろう？
・お念仏すると不思議な力が生まれるのだろうか？

私にはこのような疑問を真正面から考える性格がありました。小さい頃のエピソードがあります。私の寺の向かいには勘兵衛さんという屋号の家がありました。当時、勘兵衛さんの家には牛がいました。私が小さい頃、ご飯を食べて、ちゃぶ台の横でゴロンと寝転がると、お袋さんが「ご飯を食べてすぐに寝たら、牛になるよ！」と私をたしなめました。私はそれを聞いて、「それじゃ母さん、お向かいの勘兵衛さんの牛は、昔は誰だったの？」と言ったそうです。食べてすぐに寝たら、牛になる。大人が使う方便であっても、真正面から考えたら不思議な話です。

小さい頃にブッダの絵本を読んで以来今日まで、どういうわけか私のアイドルは「お釈迦さま」すなわち「ブッダ」でした。私にとってブッダは、実在する人間のヒーローでした。ほかのさまざまな仏さま方は、優しそうでかっこもいいのですが、おとぎ話のヒーローだと考えていたようです。

私は子どもの頃、お墓の龕前堂《がんぜんどう》の石に座って、よくブッダごっこをして遊んでいました。冥想するブッダをまねて、目を半眼にして手に印を結んで、覚りをひらくふりをするのです。目を閉じてブッダのふりをしても、何の変化もありません。そこにはただ、遠くの街の喧騒や、鳥のさえずり、笹の葉のゆれる音や風、自分の身体の感覚、近くにいる生きものの気配がありました。今思い返せば、あれがブッダの「気づきの冥想」の初期体験だったのだと思います。座ってこころを静かにすれば、今この瞬間、少なくとも生きている身体の感覚に気づくことができます。あれから五十年の年月が過ぎましたが、小さい頃に体験したブッダごっこにすら、けし粒より小さな「ブッダとなる瞬間」、つまり、「目覚める瞬間」が含まれていたように私は思うのです。

私にとって「ブッダとなる瞬間」とは、「ありのままの世界」「ありのままの自分」に覚めた瞬間で、それは遠い死後の世界にあるものではなく、今ここにこそあるものです。人知を超えた難しいものでもなく、誰のそばにもあるものです。難しいと思うのは、それがあまりにも簡単すぎて、しかも迅速で、考えて理解する対象ではないからです。

ある聖者が次のような問いかけをしました。目の前にある青空や、太陽の光、そよぐ風とともに生きるのに努力が要るでしょうか？　好きな人と暮らし、呼吸している瞬間をこころの底から楽しむことに訓練が必要でしょうか？　いいえ、そんなはずはありません。ありのままの自分とありのままの世界は、いつでも今ここにあります。

確かに世界には飢えや貧困があり、略奪や紛争が絶えません。しかし、同時に爽やかな朝日があり、静かにほころぶつぼみも笑顔もあります。その両方をありのままに見る。どんなときにも、目の前にある世界をありのままに見る。醜い姿であってもありのままの自分を見る。そして、それらを放っておく。これが目覚めた瞬間であり、「ブッダとなる瞬間」だと私は考えるのです。

このような考えに基づいて、この「ブッダとなる瞬間」、気づきの冥想の本を書いています。これからこの本を読んでくださる方には、ブッダを人間からかけ離れた神仏と考えるのではなく、目覚めた人、身近な目指す人格、私たちのそばにいて真理を説く人間の先生として読み進めていただきたいと思います。

第一章　幸福について

幸福とは何か

　幸福について考えてみましょう。幸福という言葉を知っている人がみんな幸福かと言うと、もちろんそうではありません。幸福という言葉を知っているだけでは幸福になれないのです。私はあまり幸福ではない、と言う人は、じつは幸福という言葉は知っていても、幸福の何たるかを知らないということではないでしょうか。京都駅という言葉は知っていても、それがどこにあって、どうしたらそこに行くことができるのか知らなかったら、京都駅にたどりつくことができないのと同じ理屈です。

　それではまず、「知っている」と思っている「幸福」について、ゼロから一緒に考えてみましょう。「幸福」という言葉は、現代の私たちにはとても身近で大切な言葉ですが、意外にも日本では歴史のない言葉なのだということをご存じでしょうか？　日本の古典や古い経典には、どこを探しても幸福という言葉はありません。日本書紀にも百人一首にも、浄土経や般若経にも出ていないのです。「幸福」という言葉が出現したのはおよそ二百年ほど前のことで、江戸時代から明治時代にかけて西洋文明が日本に入ってきて、happiness ハッピネスという英語を日本語に翻訳するときに、「幸」と「福」という二つの漢字をあてがって造った言葉だそうです。今では freedom フリーダム「自由」とともに、とても身近で大切な言葉となっています。

さて、ここでクイズです。昔の日本人は「幸福」という言葉は使っていませんでしたが、それに該当する言葉や概念はもちろん存在しました。それでは、昔の日本人は「幸福」のことを何と呼んでいたでしょうか？　漢字二文字で答えてみてください。意外にもこの答えとなる言葉を深く理解することで、幸福の本質に近づけると私は考えています。

この答えについては後でお話しすることにして、まず、「幸福」そのものについて話を進めましょう。

二つの幸福

幸福には、二種類ある、という観点で考えてみましょう。
その一つは『幸福感』と言います。
もう一つは『幸福』と言います。

私たちが日ごろ無意識に使っている幸福という言葉は、ほぼ一〇〇%、前者の「幸福感」です。道行く人々に「幸福とは何ですか?」と尋ねて、その答えを集約したら、おおよそ次のような回答が返ってくるのではないでしょうか?

・好きな人と一緒に暮らし、家族がみんな健康であること。
・安定した衣食住の生活ができること。
・物質的、金銭的に豊かで、毎日の暮らしに満足感のあること。
・できることなら夢を持ち、それを実現させ、成功し、充実感が欲しい。

多少の違いはあれ、このような人生観を持ち、それが実現されることを願い、それを幸福と称して生きている人々が、圧倒的に多いのではないでしょうか?

しかし、ブッダの幸福論からすると、これらの幸福観(人生観)はとても危ういのです。「醒《さ》めれば悲しい幸福感ですよ!」と、ブッダは二六〇〇年も前に、私たちの世俗的な「幸福観」に対して警鐘を鳴らしているのです。

幸福感とは何か?

はじめに「幸福感」について説明します。読んで字のごとく、幸福感とは「幸福と感じること」です。誰が幸福と感じるのかと言いますと、もちろんそれは「自分」「ワタシ」です。つまり、幸福感とは、ワタシが幸福と感じることです。

いったいいつ頃から私たちはこんなにまで、自分の感覚、感じ方を大切にするようになったのでしょうか? これは、当たり前のようで、じつはとても本質的で重要な問いかけなのです。ともかく、幸福感を求めている人は、自分が幸福と感じることが肝心要《かんじんかなめ》で、それだけが重要なのです。

しかし、それによってしばしば周囲に迷惑をかけたり、不幸にさせたりすることがあるのです。いくつかの具体的な例をあげてみましょう。

私の街でも、夜中にときどき若者たちが爆音を響かせて車やバイクを走らせています。暴走族と呼ばれる若者たちのことです。あなたの街にも同じような若者がいることでしょう。なぜ彼らはそうした非行に走るのでしょうか? そんなふうに素朴に考えてみたことはありませんか? 彼らの多くは家庭にも学校にも職場にも自分の居場所がなく、スポーツや勉強で自分を表現する機会に恵まれず、温かい家庭にも恵まれておらず、職場でも下働きで召し使いのように使われている……そのうつうつとした状態のなかでたまった不満のエネルギーが、バイクの空ぶかしの音となって、私には「俺はここに生きているぞ！」という彼らの叫び声のように聞こえてくるのです。

ともかく、彼らの行動は、理由はどうあれ、私たち一般市民にとっては迷惑です。しかし、それによって彼らは彼らなりの幸福感を味わっているのです。あの爆音を響かせて走っている瞬間に、「俺は生きているぞ！」と幸福感、満足感を感じているのでしょう。

二つ目の例は、みなさんの家にもある印鑑の話です。日本ではかならず世帯ごとに実印と呼ばれる、ひときわ立派な印鑑がありますね。この実印は、ひと昔前の高価な物はほとんど「象牙」で作られていました。私の家にも二つの実印がありますが、いずれも象牙でできています。ズッシリした重みがあり、色合いは少しベージュがかかった白色で、独特の高級感があります。日本人の高級志向からなのか、一家の大切な実印ともなれば強いコダワリが生じ、たいへんお金のかかる象牙の印鑑を好む傾向がかつてありました。日本に仮に一千万世帯があり、それぞれの家が象牙の実印を作ったとしたら、二〇〇トン以上の重さになります。これはサッカーグランドが象牙でいっぱいになるほどの量です。記録では、日本は一九八〇年代に一年間でおよそ二七〇トンの象牙を輸入していたそうです。

このような日本人の象牙愛好に応えるために、東南アジアやアフリカでは、おびただしい数の象が殺されました。象と言えば、お釈迦さまの国インドでは神さまの使いと言われるぐらい、優しい温和な生き物です。その象を人々が、日本人が高額で買ってくれる象牙だけを目当てに、鉄砲で簡単に撃ち殺し、象牙だけを切り取って売りさばき、生活の当てにしていたのです。その結果、象は絶滅の危機に瀕し、一九九〇年にワシントン条約により象牙の輸出入が禁止されました。

さて、この象牙の話は、先ほどの暴走族の例とは比較にならないほど深刻です。私たちが高級な印鑑を好むせいで、何の罪もない象が殺され、絶滅の危機に瀕していると思うと、胸が痛くなります。私は自分の家の象牙の実印を見るたびに、人間である自分の浅ましさ、残酷さに懺悔せざるをえなくなります。謝っても謝りきれない罪を犯してきたのです。

これもまた、幸福感追求の結果です。私たち日本人が高級な象牙の印鑑を好み、それを所有することで幸福感、満足感を得るいっぽう、多数の象が殺され、生き残った仲間が嘆き悲しんでいたのです。これは、幸福感が他の生き物の犠牲のうえに成り立っていることを示す一例です。

私たちが幸福感を味わうために持ちたい、飾りたい、食べたい、と思う「我欲」や衝動のおかげで他の生き物が迷惑をこうむっている例は、ほかにも山ほどあります。

ウミガメの鼈甲《べっこう》、ミンクの毛皮、ダイヤモンド。そして、最近ますます広がっているグルメブームのなかで、日本の寿司のうまさが世界中に知れ渡り、高級食材としてのクロマグロの需要が急増し、とうとう絶滅の危機へと追い込まれています。秋になればおいしい秋刀魚がたくさん獲れるのだから、それで満足していればいいのに、是が非でも絶滅寸前のクロマグロを食べたいと思う……なんと人間は浅ましい生き物なのでしょう！　幸福感を味わいたいばかりに、さまざまな流行に安易に乗ろうとする、それだけでこのような悲惨なことが他の生命に起こるのです。

ここまで読んでいただければ、なぜブッダが「幸福感は危険です」と二六〇〇年前に警鐘を鳴らしたのか、その理由を多少なりとも理解していただけたのではないでしょうか？

幸福感は危険、幸福感は酔い、幸福感は不幸

ブッダの幸福論から見ると、「幸福感」は真の意味での「幸福」とはほど遠く、それは「危険なもの」で、「酔い」であったり、場合によっては「不幸」そのものであったりします。

これを理解するために、さらに別の例を見てみましょう。世のなかにはギャンブル好きな人がたくさんいます。私の街にも大きな店がまえのパチンコ店が数軒あります。どの店も大きな駐車場やチャイルドルームまで用意して、繁盛しているようです。そもそも世界中にどれぐらいのギャンブル愛好家がいるのか知りませんが、日本に限ってもすさまじい数にのぼるでしょう。

玉を穴に入れて玉を増やすゲームとしては、多少のおもしろさもあるのだろうと想像はで

きますが、私には、パチンコに夢中になる人が哀れに思えます。店内は煙草の臭いが漂い、騒音のように音楽が流れていて、客の感覚を麻痺させるよう仕組まれています。私には一分でもそこにいるのが苦痛に感じられます。早朝の開店前から店の前に並んで、一日中そこで過ごすような人もいるようです。大きな店をかまえ、従業員を雇用していることから推察すれば、そこに遊びに行って儲けて帰る人がごくわずかしかいないというのは、誰が考えてもわかるはずなのに。

こんなことを言っても、ギャンブル愛好家に聞き入れられないことは承知しています。店に近づき、出てくる玉の音や効果音を聞いて、「今日こそは勝てるぞ！」と感覚を奮い立たせるときに味わう、何とも言いようのない幸福感がたまらなく好きなのでしょう。

このパチンコ愛好家の例などは、幸福感の本質が「酔い」であることを如実に示しています。それは本当の幸福とはほど遠いもので、それどころか、泥沼の不幸に陥る入口にもなりうるのです。

幸福感と得る幸福

私自身の人生を振返って、幸福感が具体的にどんな感覚なのか、それについてどんな記憶があるのかを問うてみたら、毎日食べる食事が「おいしい」という感覚や、何か欲しいものを手に入れたときの感覚が浮かびます。小学校四年生の頃、誕生日か何かの日に、親にサイクリング自転車を買ってもらった思い出があります。それまでは古い、幼稚園児が乗るような自転車に乗っていましたが、近所のお兄さんたちの姿に憧れてサイクリング車が欲しくなったのです。親に言ってもすぐには買ってもらえないだろうと思っていましたが、意外にもあくる日、自転車屋さんに連れて行って、買ってくれたのです。あんなにうれしかった記憶はほかにはありません。町じゅうの人が自分を羨ましがって見ているのじゃないかと勘違いするほど、うれしかったのを憶えています。幸福感という言葉を聞くと、その自転車を買ってもらったときの喜びを思い出します。それは決して悪い思い出ではありませんが、私の幸福感の象徴とも言えるものです。それは「得る幸福」の一例と言えるでしょう。大人になれば、欲しいものの種類が変わり、さらに大きなモノや、種類の違った複雑で得るのが難しいモノに変化していきますが、その本質はこのサイクリング自転車と同じです。

幸福感の大半は、この何らかの「物品を得る幸福」と、何らかの体験をして「快感を得る幸福」と言ってもまちがいないと思います。

ただし、この感情は、「何かを所有したい」「何かを自分の思いどおりに支配したい」という欲に直接的につながっていて、それを失うことで、すぐに苦しみに変化する可能性のある、危険な要素でもあることを知らなければなりません。このメカニズムの詳細は後で説明します。

幸福感の要約

さて、ここまで読んでいただけたなら、私たちが改めて自身の「幸福観」を根底から見直す必要があることを、理解していただけたのではないでしょうか？　それがとりも直さず、二六〇〇年前にブッダが私たちに鳴らした警鐘にほかならないのです。「幸福感の本質が酔いである」ことをブッダは見抜いて、私たちに警告してくれているのです。

無常偈《むじょうげ》として有名な、涅槃経《ねはんきょう》という仏典のなかの「諸行無常《しょぎょうむじょう》 是生滅法《ぜしょうめっぽう》 生滅滅已《しょうめつめっち》 寂滅爲樂《じゃくめついらく》」という偈文《げもん》も、それを詠んだ「いろは歌」も、この「幸福感の本質は酔いですよ」というお釈迦さまのメッセージにほかなりません。

諸行無常（諸行は無常なり）……色は匂へど散りぬるを
是生滅法（これ生滅の法なり）……我が世誰ぞ常ならむ
生滅滅已（生滅を滅し終わって）……有為の奥山今日越えて
寂滅為楽（寂滅を楽となす）……浅き夢見じ酔ひもせず

いろは歌は、さらに私流に超訳しますと、「物質の世界も、それを感じる感覚世界も、生じては滅する無常ではかないものです。儲かった、得した、勝った、といった幸福感の酔いから一刻も速く目を醒《さ》まし、こころの静寂にいたりなさい」となります。

・幸福感を追求することは、降り注ぐ太陽の光を集めて家に持ち帰ろうと努力しているような姿だと、ブッダは説かれているのです。
・幸福感はせいぜい生命の一種の信号・センサーであって、それに酔ってはいけません。
・幸福感を味わうことは悪とまでは言いませんが、それに関しては、ほどほどにという姿勢を保つことが大切です。
・幸福感ばかりを追求する人生は空しく、愚かです。

今一度、幸福感について整理すると、幸福感は結局のところ「酔いの世界」だということです。そのために、他の生命に迷惑をかけたり、場合によっては幸福感の追求自体が不幸でさえあるのです。

この世でいちばん信用できないし、信用してはならないのは「自分の考え」です。自分の考え（感覚）を信じるのは、智慧のある人の生き方ではありません。幸福感、得る幸福、何かを得ることに依存した幸福は、自分の命が永遠にあるという無智から生じています。自分の人生の終着駅である死を迎えるときですら、なおもう一度幸福感を味わいたいと思うなら、それは文字通り救いようがないのです。それゆえに幸福感はほどほどに、「小欲知足」という精神、生き方が今この瞬間を生きている私たちにとっての道しるべとなるのです。

幸福とは

それでは、本題の「幸福」について考えてみましょう。「幸福」と言ってもいいし、「真の幸福」とか「ブッダの説く幸福」と言葉を変えてもいいと思います。ここでは単純に「幸福」という言葉を使って話を進めます。

みなさんに改めてお尋ねします。「幸福とは何でしょうか？」

まず自分の頭を使って考えてみてください。「幸福感」に依存するものではない「幸福」のことです。言葉の違いは「感」という文字の有無だけなので、「真の幸福」とは「感じるものでない幸福」ということになるでしょう。言葉を変えれば、「人間の思考の介在しない、思考の産物ではない幸福」とも言えるでしょう。

感じるものでない幸福とは何を指すのでしょうか？ 生まれてこの方ずっと、幸福とは感じるもの、自分の脳で思考した結果生じた感覚で幸福と実感することだと、疑うことなく思い込んでいた人にとって、感じるものでない幸福など、想像もつかないのではないでしょうか？ ですから、ここでは「あなたの幸福観の革命」が必要なのです。私の考えでは、ブッダの説く幸福とは、感じるものではありません。五感で感じられる対象でもありませんし、まして五感そのものでもありません。

まず、究極的な結論、答えをあらかじめお伝えします。ブッダが説く幸福というのはいとも簡単なものです。それは、「あるがまま」のことです。時間軸に照らして言えば、「今ここ」のことです。「あるがまま」「今ここ」がブッダの説く幸福なのだと、言いきってもいいと私は思います。

おそらく、こんな言葉だけを聞いて、それが答えだと言われても、おおかたの人はチンプンカンプンでキツネにつままれて騙されたような感じがするでしょう。しかし、この「あるがまま」「今ここ」これこそが究極の幸福の姿だと、私は確信を持って申し上げます。

「ある」と「あるがまま」

この「あるがまま」「今ここ」は、ブッダの説いた究極の真理そのものと言うことができるでしょう。さらに言えば、ブッダの説いた真理は、「あるがまま」「今ここ」以外には何もないと言っていいのです。

私のような田舎者の愚僧がそう言っても、真実味がないかもしれませんが、初期仏教経典の言葉を学べば学ぶほど、そのように理解されます。しかし、多くの人はこう考えるのではないでしょうか。仏教の真理はそんな簡単なものじゃない、もっと奥が深くて人間の智慧の及ばない神秘的な真理が「ある」に違いない。だから田舎者の坊さんの話など、ほどほどに聞いておこう……。

しかし、そのもっと神秘的な真理が「ある」に違いないという思い込み、「ある」という考え、「何かがある」という思考自体が妄想であり、「我」のあらわれなのです。「ある」と思い込むこと自体が大問題で、それは人間の脳内で起こる現象であり、正体は思考であり、妄想であり、時間なのです。

「あるがまま」とは、その「ある」という思考がいっさい介在しない、現象そのものの姿のことで、「真如」とか「実相」とも言えますし、人間の思考の介在しない事実・真実・真理のことなのです。

「人間の考え」と「事実・真理」とは異なる

幸福を理解する、仏教を理解するには、まず、自分自身の思いや考え、観察による判断と、真理・真実・事実・真如・実相とは異なるものなのだ、という根本智が必要になります。

簡単に申しますと、「人間の考え」と「事実・真実・真理」は別モノということです。私の考えたことが真理になることは、一生どんなにがんばっても決してないのです。人間の思考と事実・真実・真理は、月とスッポン以上に異なるのです。月とスッポンなら同じ物質として比べることができますが、事実・真実・真理というものは、姿も形も色も概念も時間もなく、比較考量の対象としては、存在すらしないものなのです。

さて、その言語を超えた真理の世界の「幸福」について説明したいと思います。ただし言葉で説明したとしても、理屈や知識のレベルを超えることはできませんので、ここは私の体験談を交えて、ゆっくりとお話を進めます。

前置きが長くなりましたが、「幸福」が何か難しくて理解不能なものだと思われたら、それも思い違いです。真理はどの時代であっても言葉を超えたものであるだけで、「あるがまま」や「今ここ」が難しいということはありません。ですから、どうぞ最後までおつきあいください。

幸福探究の旅

私は今年で五十七歳になりました。仏教の道を学び歩んで三十年の月日が経過しました。少し高飛車な言い方に聞こえるかもしれませんが、ごく近年になって、私は幸福について何とか理解し、その全貌が見えてきたように感じています。それは難しいことではないのですが、大いなる単純さ、素直さがなければ「幸福」は見えてきません。なぜなら、それは知識や経験や自分の感覚を頼りにすると見えてこないからです。また、それを見るためには、「こころを育てる」という、仏教の実践的要素が不可欠であり、人間という存在や生きるということを真摯に探究し、疑問を持ち続けなければならないと思います。

幸福感しか知らなかった私は、当然のように人生に行き詰りました。四十歳を少し過ぎた頃、自分の力ではこれ以上前に進むことができないという実感とともに、日常の生活全体が崩れて、人間としての生そのものに行き詰ったのです。精神科の医者にもお世話になり、「あなたの状態は重度のうつ病の入口ですよ」と診断されました。その泥沼の苦しみのなかで、私にとって、それまで頼りにしていた知識や経験、人生観、仏教や信仰が何の役にも立たないという悲痛な体験をしました。脳の上辺《うわべ》で理解している程度の仏教の知識や信仰、哲学的な理解は、生の全体性や本質を知るじゃまにこそなれ、生の苦しみからの解放には何の役にも立ちませんでした。それどころか、その上辺の信仰や哲学的な知識自体が、「自分が正しい」「自分の感覚は正しい」という不幸の元凶だったのでした。

幸いにして私の命は何とかつながり、肉体の健康を取り戻してから、日本には伝わっていなかった南伝の初期仏教を勉強し直すことにしました。それは、緩やかな風に流されるかのように、こころが自然にそこにおもむいた感じでした。

日本の仏教の世界では見かけない茶褐色の衣を着たスリランカ人の先生から、お釈迦さまの教えを原点に返って学びました。学んだと言っても、正式に得度したわけでも弟子入りしたわけでもありません。先生の書物を中心にして、一般の信者さんに混じって、初期仏教の基本を教えていただいただけです。その先生は現在にいたるまで私の名前も顔もご存じありません。

そこではじめに教わったことは、まず人間としての具体的な道徳を持って生きるということでした。（この「道徳」については後の章で述べることにします。）そして、次に教わったことが仏教の実践で、それは具体的な「こころの育て方」のことでした。これを修行と呼んだり、瞑想と呼んだりしますが、ようするに人間として余すところなく生きるということにほかなりません。この仏教の修行というものが、びっくりするほど単純で簡単でした。私はそれまで仏教のことは知っているつもりで、自分は仏教の専門家だと思っていましたが、お釈迦さまが修行として説かれた仏教の実践方法のことは、じつは何ひとつ知らなかったのです。

それこそはまさに、「あるがまま」「今ここ」に住する、という簡単で明瞭な実践でした。その言葉には裏も表もなく、ただ「あるがまま」「今ここ」そのことに気づくだけなのです。私がしたことを具体的に言いますと、たとえば「手を上げる」という、生まれてからこのかた何十万回としてきた単純な行為を、「あるがまま」「今この瞬間」に気づいて行うのです。「手を上げる」ときに、その瞬間に気づいて、こころのなかで「手を上げます、手を上げます、手を上げます」とその動作を念じ、ただ観察するのです。歩くときも、座るときも、横に伏すときも、あるいは食事をするときも、トイレに行くときも、眠っていないかぎり、今自分のしている動作に気づき、心に念じ、「あるがまま」「今ここ」に住するのです。

ブッダが修行として私たちに残したことは、じつは、この「あるがまま」「今ここ」に気づくという、ただそれだけだったのです。大乗仏教にはこのような、「気づき」（念）sati

サティ という明快な実践法は伝わっていませんでした。が、その教えは、私たち日本人が小乗仏教と言って差別していた初期仏教に、脈々と、そして、生き生きと受け継がれていたのです。

さて、私は先ほど申しましたとおり、人生の崖っぷちにいましたから、この修行をたいへんまじめに実践しました。それまでも日本の仏教の修行というものは体験していましたが、それらに比べるとあまりにも実践内容は単純で明快です。しかし、簡単に実践できるのかと言うと、そういうわけではありません。

熱海にある道場でおよそ一週間、ただ、この「あるがまま」「今ここ」に気づくという単純な修行に挑戦してみました。これは経を読むとか、滝に打たれるとか、ただ座禅を続けるといった、一般の人が想像する仏教の修行方法とはまったく違いました。基本は何をしてもいいのです。服装や持ち物もいっさい関係ありません。小集団の生活ですから、それなりのルールはありますが、それ以外は何をしてもかまわないのです。ただ唯一修行としてすることは、「あるがまま」「今ここ」に、自分のしている行為行動に気づくこと、気づきを保つということです。

みなさんも実践されたらわかると思いますが、「手を上げる」という単純な動作を本気で、「手を上げます、手を上げます」と今していることに気づいて念じ続けるというのは、単純なことではありますが、簡単なことではありません。たった二秒でも、集中して気づいているかと思えば、感情が動き、ほかの思考がこころに生じて、何かを妄想したり、外の音に注意を奪われたり、といった具合に、自分のこころが自分の思いどおりに動かないことを嫌というほど実感することになります。そうして、生まれて初めて自分のこころとじかに接することを覚えるのです。

さて、そんなわけで、私はまじめにこのブッダの説かれた「こころを育てる修行」を実践してみました。食べるときも、歯を磨くときも、トイレで用をたすときも、ただひたすら気づきを保つべく努め、腹の「ふくらみ」と「縮み」、呼吸の観察を続けました。

修行を始めてから三日目の朝のこと、私は全身が震えるような単純で純粋な事実に気がつきました。私が「手を上げよう」とこころに念じて手を上げれば、「手が上がる」という、ありのままの事実に気づいたのです。「手を上げよう」と、ごくわずかのエネルギーを使ってこころのなかで念じれば、何と不思議なことに私の手は上がるのです。あまりの不思議さと新鮮さに、何度か手を上げて確認してみました。

みなさんは、「手が上がる」のは当たり前のこと、と思っているのではないでしょうか？自分が手を上げようと思って、こころのエネルギーを使えば、手が上がる。この発見、この「あるがまま」の気づきは、自分の今までの人生観を根底からひっくり返してしまいました。今までずっと、当たり前として切り捨てていた「あるがまま」の真相が、私の前に、ただ「あるがまま」にあったのです。

私が何を言わんとしているのか、みなさんに伝わっているでしょうか？　そのときに起こった事実を言葉にすると、私のこころのエネルギーをほんの少し使えば、目の前にある物質、つまり肉体が動くということです。こころに念じただけで、物体が動くようすをスローモーションで体験しました。言い換えれば、肉体という、こころとは別の乗り物があり、その乗り物をただ脇で何の感情もともなわずに見ている感覚です。これは今まで知らなかった「自由」です。こころが肉体に依存しない自由、何かからの逃避ではなく、求めるものもない完全な自由です。

ふつう、たいていの人はこう考えているのではないでしょうか。手を上げようとして「手が上がる」なんてことは、当たり前じゃないか、ほら今でも簡単に「手は上がるよ!」と。「手が上がる」のも当たり前、「歩ける」のも当たり前、「話す」ことも、「聞く」ことも当たり前、「食べる」「座る」「寝る」「生きる」等々、何もかも当たり前!

さて、そのような「すべてが当たり前」の人生観で生きている人が、ある日事故にでも遭い、突然手が上がらなくなり、歩けなくなったら、その人のこころに何が起こるでしょうか?その人は、事実をありのままに見るという経験も訓練もしていないので、当然ありのままに見ることはできません。そして、「あることが当たり前」という見方と表裏をなしている「ないことが許せない」という見方にとらわれて、不幸のどん底に陥ることになります。そのとき初めて、「手が上がる」ことが当たり前ではなかった事実に直面することになるのです。「歩ける」ことが当たり前ではなかったということを、激しいこころの痛みとともに実感せざるをえなくなり、たいへんな不幸に見舞われるのです。そのような人はきっと起こった事実を受け入れられずに、ありもしない「昔は良かった」「以前は幸福であった」という虚しい思考をするはめにもなります

もう一度尋ねますが、「手が上がる」ことや「歩ける」ことは、本当に当たり前のことでしょうか？　決してそうではないのです。微細なものから大きなものまで、さまざまな条件が何もかもそろった結果、あなたの人間としての姿が整い、たまたま「手が上がる」ようになるのです。これを「縁起」と呼ぶのですが、それはじつに「有り難い」こと、「有ること難し」なのです。真実は、「あって当たり前」ではなく、「有り難い」です。そして真理に則した生き方は、「あって当たり前」ではなくて、「なくて当たり前」なのです。

たいていの不幸の原因は、この縁起の真理によって事象が起こる事実を知らずに、すべてを「当たり前」と見なす人生観にあります。私たち人間は全員まちがいなく、死という終極に向かって生きています。この単純な「手を上げる」「歩く」などのすべての所作ができなくなる日が、そう遠くない未来にかならず訪れるということです。そのときには、すべてが「当たり前」の人生観で生きている人はとんでもない不幸な目に遭うことになります。

ですから、今ここで、この場所で、たった今、あなたがこの本を読んでいるこの瞬間に、あるがままの「今ここに生きる幸福」を、どうかありのままかみしめてください。温かい部屋にいて、本を読むこと、文字が読める、手が動くことが、どれほど幸福なことなのか、こ

の今という瞬間がいかに光り輝いているかに気づくことは、その人のこころの成長、智慧そのものなのです。

部屋の明るさ、空間を感じること、目が見えること、音が聞こえること、部屋の温かさを感じること、足の感覚を感じること、座っていること、お腹がふくらみ、そして縮んでいること、そういうさまざまな「感覚」があることは、どれも当たり前ではありません。その「あるがまま」に、「今ここ」にあることのすべてが、幸福そのものなのです。今のこの瞬間の、あるがままの姿を見ずして、どこに幸福があるというのでしょうか？　ブッダが説かれた幸福とは、この「あるがまま」「今ここ」以外のどこにも存在しないのです。

重ねてお尋ねします。「あるがまま」「今ここ」以外に本当に何か存在するのでしょうか？「昨日」「過去」はどうでしょうか？　脳の記憶に昨日はあっても、それは「今ここ」で考えている「妄想」でしかないでしょう。「明日」「未来」はどうでしょうか？　明日の予定はあっても、それは「今ここ」で考えている予定という「妄想」でしかないでしょう。「過去」も「未来」も思考の産物であって、現にあるのは、「あるがまま」「今ここ」だけです。

幸福感を求めて生きる人は、この「ありのまま」「今ここ」を見ることなしに、いつか幸せになれる、あれが手に入れば幸福になれる、これが成功したら幸福になれる、などと目の前のにんじんを目当てに歩くロバのような人生を送ることになるのです。結局、未来には幸福が約束されているわけではないので、虚しく三途《さんず》への道をたどるだけの人生となってしまいます。

「当たり前」と「有り難い」

幸福にいたるためには、なぜ人間である私たちがこの純粋な「あるがままの幸福」より、「幸福感」を求めるようになるのか、というメカニズムを知っておく必要があります。私たちが体験する幸福感は、どれもこれもあっという間に「当たり前」へと変化し、「有り難い」という喜びはなくなります。幸福感も感謝の念もすぐに消えてしまうのです。

その理由は、じつは「幸福感」が瞬時に「苦しみ」というほんらいの姿に変化するためなのです。何か新しいものを手に入れた「得る喜び」は、決して長続きはしないことはよくご存じでしょう。すぐに「当たり前」になります。苦労して手に入れた高級車から得られる幸福感は一瞬にして終わり、維持管理という所有するがゆえの苦しみが続きます。

お腹が減っているという「苦しみ」があるときに食べ物にありつけたら、一口食べるだけでおいしいという幸福感を感じます。二口目も幸福感を感じます。ところが、十口、二十口と食べ続けていくうちに、おいしいという感覚は消えて、幸福感もなくなり、食べ過ぎてしまうと気持ちが悪くなり、「苦しみ」に転じます。そうして食べるのをやめるのです。つまり、「空腹苦」が消えるときに、「おいしい」という幸福感を感じますが、空腹苦がなくなるとおいしいという幸福感も消え、やがて満腹苦という苦しみが現われるのです。

また、身体が冷えて寒いという「苦しみ」があるとき、温かい温泉につかったら無上の喜びとともに幸福感を感じますが、ものの二、三分もすれば、熱い・退屈という「苦しみ」に変化し、お湯から上がります。

「幸福感」より「知足」

身体の細胞が壊れ、壊れた分だけ栄養をとり、それで空腹苦がなくなり満足した状態を「知足」santuṭṭhi サントゥッティ（満足＝喜び）と言います。これが幸福な状態なのですが、この状態にはわずかな幸福感しかありません。人間は空腹苦という「苦」が消えていく過程で、「楽」＝幸福感を感じています。この「苦しみが消える感じ」が大好きで、これこそが幸福感の正体です。そして、その感覚をもっともっとと、しつこく追い求めるのです。じつは、人間は幸福が嫌いなのです。幸福になると退屈になり、新たな苦しみが消える幸福感を追い求めて生きているのです。

車は人間と違って、燃料を給油するときに幸福感も快感もありませんから、必要な分だけ補給します。ところが人間の場合は、必要な食料を食べるときに快感を感じて、この幸福感を求めて、必要のない物まで食べ過ぎてしまうのです。車でたとえれば、満タンを越えてもなお、危険なガソリンを助手席にまでためておくような愚かな行為です。これが「欲」に駆られた人間の姿で、慢性幸福感依存症とでも言えるでしょう。過剰に摂取した栄養は脂肪コレステロールとなって体内に蓄積され、万病のもととなってしまいます。

ですから、空腹から腹八分目にいたるまでに、幸福感と関係なく「知足」という状態、文字通り「足ることを知る」ことが大切なのです。「吾唯足知」「小欲知足」という言葉は単なるスローガンではなく、仏道の大切な道しるべ、幸福のキーワードとなるのです。

「物質的な世界」（幸福感）と「こころの世界」（幸福）

「真の幸福」を知るためには、まず幸福が二つあるのだということを理解しましょう。「幸福感」と「幸福」です。

私たちは知らず知らずに幸福感を幸福と思い込む、物質的な社会のなかで生きています。日本の現状を見渡せば、物質的な豊かさはすでに飽和状態にあり、人々はもうこれ以上何も必要ないと思えるくらい、モノにかこまれて生きています。それはまさに「物質至上主義」の花盛りです。また、テレビのコマーシャルや雑誌の広告では、「女性が美しくなる」「健康によい」「若返る」など、肉体依存症的なキャッチフレーズが氾濫し、そうした流れに従えば永遠に生きられるかのような宣伝が続きます。これらはどれも、物があればいつまでも豊かで健康でいられるという嘘であり、錯覚なのです。

物質的な世界に生きる人は、六根（眼耳鼻舌身意）に触れる感覚を偏重する傾向があります。五感、六根が物質的な世界、幸福感の源です。この世界では、こころが「貪欲」「物質依存」になり、物にかこまれればかこまれるほど、こころは貧しくなっていくのです。

もう一つの世界は、「こころの世界」です。こころの世界は、物質に依存しません。五感を通じた感覚だけでは、とらえることはできないのです。感覚では触れられないと言ってもいいでしょう。こころの世界を見る人は自分の感覚を頼りにしません。感覚は物質に触れて感じる自分の感覚に限定されるので、あてにならないのです。

こころの世界では物質の法則は通用しません。「与えたら減る」と考えるのは物質的な世界の人です。こころの世界では、「与えれば与えるほど豊かになる」「使えば使うほど増える」のです。お母さんが子どもに愛情を注げば注ぐほど、ますます愛情が豊かに湧いてくるのと同じ仕組みです。こころの世界は、「我のない世界」なので、そこに住む人は肉体に依存することが少なく、「小欲知足」の生き方をするようになります。物はなくてもこころは豊かで、こころは限りなく成長できるのです。こころの世界では、「得る幸福」ではなく「与える喜び」が生じて、感覚から醒めた、決して失うことのない「手放す幸福」がそこに存在します。幸福感とは異なるのです。

どちらの世界で生きたいですかと問われたら、迷うことなくこころの世界で生きたいと思うでしょう。そのためには、まず、自分の感覚をあてにしないこと、信じないことが大切です。自分の気持ちを聴いて尊重することはかまいませんが、自分の気持ちを行動の中心に置くことは危険です。その自分の気持ちというものには、たいてい「感情」という毒が混じっているからです。

感情や幸福感を人生の羅針盤にしてはいけません。感情をいったん棚に上げて、しばらく放置し無視しておくのです。その後しばらくして見てみれば、それにはカビが生えていたり、腐っていたり、それ自体がすでになくなっていたりすることに気がつくでしょう。そのような日常生活のなかで、ふと気づいたら、自然にそこに幸福があった、というのが好ましい成り行きなのではないでしょうか。

幸福の見分け方 ―「感人種」(幸福感人種) について

「感人種」という言葉があります。これはひと昔前に、ある智慧のある人から教わった言葉です。そのような言葉をそれまで聞いたことがなかったので、私はとても新鮮に受けとめました。感人種とはつまり幸福感人種のことで、幸福と幸福感を勘違いした人のことを指しています。感人種は幸福と感じることを何より大切にし、それを自分の人生の最も大切な道しるべとしたり、人生の目的にさえする哀れで愚かな人々のことを言います

ちなみに、テレビや近所で毎日見かける不特定の人々を思い浮かべてください。着飾ってその服装や持ち物をさも自慢げに歩いている人、高級車に乗ってそれで自分が大臣になった

かのように高慢、有頂天になって運転している人。そういう人々を見るときに、彼らは感人種ではないのかと問うだけでなく、静かに自分自身を見つめて、自分もまた感人種ではないかと自問してみるといいでしょう。

自分の感じ方を何よりも優先させて、その感覚を正しいとして、幸福と感じることを追求する人はみな、感人種なのです。それは砂浜の上に大きなお城を築いて、その完成をことほぎ祝ってパーティを開いているような人々のことです。はじめから土台は傾き、ぐらぐらとして危険が迫っているのに、それに気づかずに酔って宴を楽しんでいる、それが感人種の姿です。

これに対して、酔いから醒める、つまり自分の感覚に気づき、その危険性を察知して、それを手放し、それから離れることが、幸福を実現することへの早道です。幸福感からできるだけ速やかに離れ、幸福な人生を今ここからスタートすべきなのです。

夢や希望について

幸福の見分け方で、もうひとつ本質的な問いかけがあります。「夢」とか「希望」についてです。あなたは今、欲しいものや望むこと、将来の夢や希望がありますか？

「夢」や「希望」に対して、私たちは無条件に良いこと、大切なことと思いがちですが、ブッダの幸福論から見ると、「今ここ」「あるがまま」に満足し、こころの静寂に住する者には、将来の「夢」も「希望」も錯覚・妄想にすぎないのです。これは、ないものねだりの現実逃避でしかないのです。小学生や中学生が「サッカー選手になりたい！」など、将来の夢を語るのはかわいい面もありますが、立派な大人が語る「夢」の多くは「欲」と何がどう違うのでしょうか？　幸福になろうとしたり、探し求めたり、成し遂げよう、勝ち取ろうとする人には、ついに幸福が訪れることはありません。それは、あなたが追い求めているときではなく、あなたのこころが静まっていて、「今ここ」に住しているときに、向こうから不意に訪れてくるのです。

未来の目標などについて多くの知識や信念を持っていると、かえって自在に生きることを難しくしてしまい、「あるがまま」からどんどん離れて、「あるべきすがた」の追求に人生を浪費してしまう仕組みになっているのです。死後の天国を願うのも、この仕組みとまったく同じで、現世のただ今の幸福に満足できずに、未来にはきっと満足のいく感覚が得られ幸福感があるに違いない、とする現実逃避の妄想思考の産物なのではないでしょうか。

幸福の実践

真の幸福にいたるには、こころを育てる実践が不可欠です。それは別の章で「こころを育てる実践」としてお話ししたいと思います。この章はここで終わります。

いや、本章を終わらせる前に、冒頭で出したクイズの答えをお伝えしましょう。昔の日本人は「幸福」のことを「平安」「安穏」「寂静」「知足」などと言っていたようです。

現代人の幸福は、もっぱら幸福感を得ることにあり、その喜びの感情の波が激しいほど幸福感が高まる、つまり強い感情の波を幸福と見なしているのではないでしょうか？　ちょうど、現代の若者が好むファストフードの濃い味と刺激にも似ています。それに対して、昔の日本人の幸福は「真味只是淡」、菜っ葉のおひたしのような淡泊さが連想されます。物資に恵まれていなかった昔の日本人のほうが、はるかに繊細で、より幸福の本質を見抜いた生き方を心得ていたのではないかと思います。

「平安」「安穏」など、平ら、安らか、穏やかで、強い感情の波がない、こころの平安こそが幸福であると彼らは達観していたのではないでしょうか？「知足」「寂静」などは仏教用語ですが、これも「あるがまま」「今ここ」で満足する、「手放す」という意味が含まれたすばらしい言葉です。

こうして幸福をテーマにいろいろ調べていくと、古の日本人の智慧の一端に触れて、悦ばしい思いがします。

第二章　道徳について

道徳は「こころのお守り」

私は若い頃、今よりもっと未熟で道理を知らず、「道徳」とは偽善的で何かうさん臭いものだと思っていました。今思えば、背後に「大人社会の嘘」が見え隠れしていて、そういうものだと思い込んでいたのでしょう。そして、五十歳を越えた頃からようやく、素直に道徳に向き合えるよう、こころが成長しました。

今では、この世で人間として生きるのに、道徳を守ることは肝心要なはじめの一歩であり、人生の最後の最後まで変わらぬ大切な「こころのお守り」であると考えています。人間として生きるにあたり、道徳より大切な道しるべはあるでしょうか？　親が子どもに、大人が愛児に託すべきものは、この「道徳」をおいては何もないとまで、私は考えるようになりました。そのほかはおおかたどうでもよいお金の儲け方など、処世術のようなものではないでしょうか。

子育て真っ最中のお母さんお父さんがこの本を読んでおられるなら、自分自身に問うてみてください。「親として、道徳以外にわが子に教えるべきものがあるだろうか？」と。わが子を立派な大人に育てたいのなら、何を教えればよいのでしょうか？　しっかりした道徳さえ持っていれば、それは文字通り「こころのお守り」で、その子は死ぬまでおよその災いから免れ、人間として幸福な人生を送れるでしょう。逆に、今不幸な人生を送っている大人は、残念ながら「こころのお守り」として道徳を持っていなかったということなのです。

それでは、その「道徳」について一緒に考えたいと思います。あなたはどんな道徳をお持ちですか？　私はこの質問をときどき、大人に対して尋ねることがあります。今まで真正面から「私は○○の道徳を守っています」と答えた人はほとんどいませんでした。それほど明確な道徳項目を意識して生きていないのかもしれません。失礼な言い方ですが、社会人として活躍している人のなかにも、「道徳心のうすい人」「明確な道徳を持っていない人」が意外に多いのです。

この「明確な道徳を持っていない人」とは、こころのお守りの弱い人のことです。悪条件がそろえばたいへん危険で、場合によっては犯罪者となったり、よろずの災いを自ら引き寄せる種を持っているということなのです。犯罪に手を染めた人に欠けていたのは、知識ではなく、まちがいなくこの道徳です。

私は現在も非常勤で小学校の先生をしています。小学校の教科にも「道徳」という科目があります。一週間に一時間の配当があるのですが、じつに手ぬるい時間となっています。何か問題が起こったときの話し合いやお説教の時間にあてがったり、教育テレビを鑑賞したりしています。第一に、教えている先生が、道徳の何たるかを知らないで教壇に立つのですから、それも仕方がないでしょう。

ブッダの説く道徳

ブッダの道徳は、たいへんシンプルで明瞭なものです。だからこそ、万人に通じる「こころのお守り」になるのです。「道徳」のことを、お釈迦さまの時代の言葉であるパーリ語で、シーラ sīla と言います。このシーラという言葉が中国に入り、漢字で「戒」と訳されました。仏教では入門者に、人間としての基本の教えとなる五つの戒「五戒」を授けます。これが五つの道徳であり、「こころのお守り」なのです。

そもそも、仏教を学ぶ者の基本の学問を「三学」と呼びます。三学とは、「戒・定・慧」(カイ・ジョウ・エ)のことです。岩波書店の仏教辞典には、『三学 サンガク 仏道を修行する者がかならず修めるべき三つの基本的な修行の項目を言う』とあります。つまり、『戒=道徳を守る、定=こころの静寂に努める、慧=智慧を育てる』ことです。この三学は順番も大切で、まず仏教に入門したら道徳を守ることから始め、次にこころの静寂に努め、そうして智慧を身につけて仏道を歩む、というのが仏教の基本なのです。私も若い頃、大学に入学してこのような基本を知識として学びました。

さて、その「五つの道徳」を説くにあたり、最初にお話ししなければならないことがあります。私が日本仏教の僧侶として正式に僧籍を取得してから、もう三十年以上の年月が経過しました。しかし、恥ずかしながら、この「戒」、つまり道徳を私がこころの底からお釈迦さまから授かり受けようとしたのは、ほんの数年前のことです。戒を授かる「受戒」という儀式を受けてはいたのですが、まったくの無戒破戒の者で、たいへん世俗的で無道徳な生活を当たり前のように送っていました。先に申しましたように、「こころのお守り—五つの道徳」を持たなかったために、その行為の結果として、四十歳の頃、人生の迷路に迷い込み、自ら人間失格の状態にまでいたったと思っています。そもそも道徳の何たるかも、私は知りませんでした。

道徳と規則や法律との違い

最初に私が理解しなければならなかったことは、道徳と規則や法律はまったく違うという当たり前のことでした。人間の世界にはたくさんの規則があります。学校に通えば校則があり、自動車を運転するには道路交通法があり、日本で生きるには憲法という法律があります。いずれも、守らない者には、それなりの罰則や罰金が発生します。車を運転する人で、一度や二度はスピード違反で警察官に見つかり、罪と罰の苦い経験をした人は多いでしょう。私も子どもの頃からの、宿題を忘れたら廊下に立たされるといった罰を受ける経験が重なり、道徳もこれと同じで、守らなければ何らかの罰のある「ある種の権威」だと、はなはだしい思い違いをしていました。ですから、道徳が「こころのお守り」である、自身を災いから守ってくれるものである、という意識はまったくと言ってもいいくらいありませんでした。道徳はうさん臭い、道徳なんて聞きたくない、道徳は嫌いと、無意識に思っていたのです。これはとんでもないまちがいでした。

「こころのお守り」としての「道徳」との出会い

以前、初期仏教の勉強のために道場で合宿したときのことです。そこでの仏教の修行は意図も明瞭でシンプルな内容でした。その合宿生活のなかで、朝と日没にみなが本堂に集まって、礼拝と読経をする時間がありました。私は僧侶ですので、経に関しては一般の人よりは知識がありますし、サンスクリット語の経文も知っていました。

「三帰依文」の後には、「五戒文」がありました。日本の仏教でも、昔は「五戒文」を読んでいましたが、現在は日常勤行として五戒を読んでいる宗派はないと思います。日本のお坊さんは戒を守っていない人が多いから、好んで読むことはなくなってしまったのかもしれません。

私は慣れないパーリ語でしたが、その五戒文を「♪パーナティパーダー ヴェーラマニー スィッカーパダム サマーディヤーミ…♪」と毎朝・毎日没にみなと一緒に読んでいました。最初は聞きなれないメロディで、これは五戒を読んでいるんだなぁ、などと思ってただまじめに読んでいました。何日か毎朝夕読んでいるうちに、そのメロディがとても優しくて心地よいことに気がつきました。読んでいるだけでこころが浄《きよ》らかになるような、うっとりした恍惚感を感じました。もちろんこれは、私の陶酔感情以外の何ものでもなかったのですが、そのとき、なぜだか自分がとんでもない思い違いをしていることに、自然と気がついたのでした。

私にとってそれまで、「戒」「戒律」のイメージは堅く厳しく、「頭を丸めなくては」「朝早く起きなければ」など、「～しなければならない」という逆らえない権威の象徴になっていました。だから、私の思っていた「戒」と、そこで流れている優しいメロディとが、どう考えても合い交えない別ものだったのです。そして、そのとき不思議なことに、私の戒に対する、堅い、つらい、厳しいというまちがったイメージが、自然と融けて消えてしまったのです。

今思えば当たり前のことなのですが、「戒」すなわち「道徳」は、人を罰するものではありません。たとえ自分の目の前に道徳を守らない人がいても、その人を責める必要はありません。責めてはダメ、むだなのです。それと同じように、自分が道徳を守れないときでも、自分を責める必要もありません。ただひとつ大切なことは、ひたすらに可能なかぎり、それを守ろうと努めることです。

道徳は規則ではありません。その五戒文のメロディのように、どこまでも優しく、どこまでも純粋で、お母さんがたったひとりのわが子を命がけで守るような願いがこもった、お釈迦さまからの直々の授かりものなのです。私はそのとき生まれて初めて、この「道徳」をお釈迦さまから授かり、自身のこころのお守りにしようと素直に自分の意志でそう思ったのです。

これからその「五つの道徳」を説きますが、最初に二つのことを再度確認してください。

一つ、「五つの道徳」は、お母さんの子守歌のような、温かくて優しい、つつみこむような「こころのお守り」であるということ。

一つ、「五つの道徳」は「こころのお守り」であり、たとえ守れなくても、絶対に自分も他人も責めないこと。

次に、私が道場で読んでいた「五戒文」をそのまま掲載します。カタカナの部分がパーリ語で、お釈迦さまの時代のままの言葉です。東南アジアの仏教徒が、毎日の読経のときに読んでいます。メロディがあって、およその音階は決まっているようですが、自分のこころのままにメロディをつけて自由に読んでもいいらしいです。左が日本語訳ですが、日本語には音階はありません。

※日本テーラワーダ仏教会の日常勤行を参考にしました。

〔五戒文〕

一．パナーティパーター　ヴェーラマニー　スィッカー・パダム　サマーディヤーミ
私は「生き物を殺さない」という戒めを受けて守ります。

二．アディンナーダーナー　ヴェーラマニー　スィッカー・パダム　サマーディヤーミ
私は「与えられていないものを取らない」という戒めを受けて守ります。

三．カーメース　ミッチャーチャーラー　ヴェーラマニー　スィッカー・パダム　サマーディヤーミ
私は「淫らな行為をしない」という戒めを受けて守ります。

四．ムサーワーダー　ヴェーラマニー　スィッカー・パダム　サマーディヤーミ
私は「いつわりを語らない」という戒めを受けて守ります。

五．スラーメーラヤ　マッジャパマーダッターナー　ヴェーラマニー　スィッカー・パダム　サマーディヤーミ
私は「放逸の原因となり、（人を）酔わせる酒類、麻薬などを使用しない」という戒めを受けて守ります。

それでは、五つの道徳について詳しく考えてみましょう。

不殺生《ふせっしょう》

「いかなる生命も殺さないこと。他の生命を粗末に扱うことで満足を得ない」

一番目は、漢語で「不殺生」と言います。「私は生き物を殺しません」という内容です。これには裏も表もありません。条件も何もなく、「私は生き物を殺しません」ということです。生き物とは、もちろん人間だけではなく、ありとあらゆる生きとし生けるもののことです。ゴキブリであってもムカデや蛇も、いっさいの生きとし生けるものを殺しませんという内容です。

以前の私は、これは一種のスローガンで、実際は「蚊」や「ハエ」などの害虫を殺すのは別にかまわないじゃないか、そんな細かいことを気にすること自体がバカバカしい、という程度の理解でした。不殺生という言葉は知っていて、それがお釈迦さまの説いた道徳であると知っていても、それを自分自身の「こころのお守り」として守ろうとする誠実さは、微塵もありませんでした。日本の仏教の僧侶である私がこの程度の「戒」の理解だったので、みなさんもおおむね私と似た考えを持っておられたことでしょう。

現在の私は、完璧に何ものも殺さないとは断言できませんが、私の手に蚊がとまって血を吸っていても、それを殺すことはしません。窓に行って「フーッ」と息を吹いて逃がします。台所でゴキブリを見つけたら、素手でとって外に放しますが、殺しません。殺さないというより、殺せなくなりました。どうして私がそのように変わったのか、変われたのかについてお話ししましょう。

〈**ブッダの生命観**〉

まず、お釈迦さまの教えを学び、世界観や生命観が変わったことが要因のひとつです。他の宗教で説くように、「人間は特別な生き物」という見方がなくなったのです。仏教では、人間もゴキブリも星の数ほど生息している生類の一種でしかなく、人間が特別ということはありません。まして、「私は特別」only one ではないのです。私はそのうちのひとつ one of them とでも言うのでしょうか。足下に這う一匹のアリとワタシは、なんら変わることのないひとつの生き物だというのが、ありのままの事実です。

たいていの人は知らず知らずに、人間は特別、私は超特別という根拠のない暗示、精神病にかかっているように見えます。足下に這っているアリさんも自分もたいして変わらない、同じ地球に住む生き物だと本当に認められたら、こんな楽で自由なことはありません。スーパーで買い物をしていても、森を散歩していても、どこへ行っても、常に私が特別扱いされることはありません。私はただの一匹の生き物以外の何ものでもないのです。私はただの人間という生き物なのです。

〈みんな幸福に生きたいと願っている〉

次に一匹のアリや、今まで気にもとめなかった小さな生命について考えてみましょう。どんな生命もじつは生命であるかぎり、みんな同じことを考えて生きています。「幸福に生きたい」という願いです。そして、ほとんどの生命が具体的には次のように思っているでしょう。

「好きな仲間と一緒に暮らしたい」
「おいしいものを食べたい」
「住み心地のよい場所に住みたい」

ゲジゲジは石の下の暗くて湿った陰気な場所に住んでいますが、そこがとても心地いいのです。そうして、そこにはかならず仲間がいて一緒に暮らしています。彼らの好きな食べ物があって、彼らの小さな幸福がそこにあるのです。ゴキブリが、私たちのキッチンの食器棚や冷蔵庫の裏側に住んでいるのも同じ理由です。そこには人間が落とした栄養価の高いおいしい食べ物があり、かならず仲間たちと一緒に暮らしています。

どの生命もこの世で肉体を持った生命は、おおむね同じことを願っているのです。すなわち「幸福に生きたい」という願いです。人間である私たちと、ゴキブリもゲジゲジもまったく同じ願いを持っているのです。どの生命もすべて「他の生き物から傷つけられることなく幸福に生きたい」のです。

〈すべての生きとし生けるものには、平等に幸福に生きる権利がある〉

ブッダの問いかけはとてもシンプルです。「一匹のアリを殺す権利があなたにありますか？」ご自身に真摯に問いかけてみてください。私にはその権利がある、と思うのは正常でしょうか？私の血を吸っている蚊でも同じです。血を吸ったから、私にはオマエを殺す権利があると思うのは正当でしょうか？　人間には選択という自由はあります。殺すことも選べます。しかし、憶えておいてください。他の生命の生きる権利を奪う者、他の生命の尊厳を傷つける者は、やがて自分が生きる権利を失い、他の生命から傷つけられる事態に遭遇するという当たり前の法則を。

考えてもみてください。人間の社会ですら、それなりの世俗的なルールがあります。法律です。人を殺した者は、その結果いっさいの自由を失うのです。自然界のルールはもっと厳しいです。私だけが、私たちだけが、他の生命を無慈悲に殺して繁栄するということは、真理として成り立たないのです。

さて、一番目の「こころのお守り」、「不殺生」が理解できたでしょうか。他の生命を守る者が、当たり前のように、生きる権利を得て幸福に生きることができるという「ありのまま」

の法則がそこにあるのです。「他の生命の尊厳を守る」こと自体が、「自分が幸福に生きている証」なのです。

〈不殺生の効用〉

私が住んでいる大鳳寺村という小さな集落には、昔から、こころが優しくて生き物を殺さないお婆ちゃんやお爺ちゃんがいました。小さい頃、夏に虫取りをしていたら、「坊ちゃん！一寸の虫にも五分の魂があるんだよ」「お盆に入ったら虫を逃がしてあげなさいよ」と話しかけてくれる年寄りが私にはいたのです。私が最近、葬式で送り出す人たちです。

人の人生を眺めていますと、「小さな害虫なんか殺してしまえ」という考え方の人は、結局のところ自分さえよければよい、人間さえよければよい、他の生命のことなんか考える暇はないということのようです。つまり、自分の小さな幸福感だけを頼りに生きているのです。七十年八十年という生涯を見るとき、できるかぎり「小さな生き物の命も大切にし、生き物は殺さない」という道徳を守って生きる人と、「小さな害虫なんか殺してしまえ」という人生観で生きる人では、人生の終極の姿が劇的に変わってしまいます。

「小さな生き物の命を大切にしない人」は、まわりの人に対する態度もその程度です。自分さえよければよい、というのが基本の人生観なので、周囲から尊敬されず、しまいにはまわりが敵だらけになって、不自由で哀れな結末にいたります。反対に、「小さな生き物の命も大切にする人」は、家族に対しても近隣の人に対しても、スーパーでレジを打っている人などにも分けへだてがなく、他の生命への尊厳と礼儀をわきまえています。そのような人は周囲のみなから尊敬され、年をとった人生の終盤では、人間も他の生命もみなが友達で、敵はひとりもいない、みなから敬愛される「徳」のある人と成長しうるのです。

どんどん敵を増やす人生と、人間もどの生命もみんな仲間という人生では、八十年の生涯がどれほど違ってくるか、想像してみてください。これが一番目の「こころのお守り」で、「私は他のいかなる生命も殺しません」というお守りです。

不偸盗《ふちゅうとう》

「与えられていないものを取らない。小欲知足の精神を持ち、ひとり分で生きること」

二番目は「不偸盗」です。「私は与えられていないものを取らない」という「こころのお守り」です。良識のある両親に育てられたら、「人の物を取ってはいけません」という道徳は、幼児の頃から教えられると思います。幼児や人間以外の動物には、もともと「所有」という概念、「誰かのもの」という考えはありません。深く考えれば、ほんらい地球にある物質はすべて「誰のものでもない」のです。しかし、人間として健全な社会生活を営むために、社会の基本的なルール「人の物を盗まない」を、私たちは親から教わって社会に適応してきたのです。

当たり前のように思えることなのですが、それではその簡単な「与えられていないものを取らない」という道徳が守られているのか、と言うとそうではありません。「盗み」の問題は、個人レベルでも国家レベルでも、いっこうに解決していません。

ひとつ現実的な例を出して、自分に引きつけて考えてみましょう。あなたは今月少々金欠で、欲しいものも我慢しなきゃならないなぁ、という気持ちで生活をしていたとします。ある日公園を散歩していたら、公園の片隅の茂みに財布が落ちていました。手にとって調べてみたら、お金が十万円ほど入っていて、免許証や落とした人を特定できるものは何も入っていません。周囲を見まわしましたが、誰も人はいません。

さて、そこであなたはどんな行動をとるか、今ここで確認してみてください。落ち着いて、どんな感情が自分のこころに浮かんでくるか、観察してください。この質問を今子育てしている若いお母さんに尋ねたら、何人かのお母さんの反応は、「ラッキー！」ということでした。意味がわかりますね。お金だけ抜きとって、財布は川にでも投げ捨てるということのようです。さぁ、ここで大切なことは、今自分のこころをしっかりと観察することです。善いとか悪いとか考える前に、自分にはどういう感情があり、どんな行動をとるだろう？　たとえ話と軽く考えないで、今ここで自分はどう行動するかを考えてみてください。

私も若い頃なら、少し「欲しい」という感情が出たかもしれません。しかし、だいたい最初の「感情」のまま行動する人は、人生の落伍者と言ってもいいと思います。今の私なら、このような他人の災いまで自分に引き寄せ、不幸の種を育てるような、愚かな生き方だけは絶対にしたくありません。それは私に「こころのお守り」があるからです。

数年前にこんな事件がありました。ある小学校の教頭先生が銀行のATMでお金をおろそうとしたら、目の前に、前の人が置き忘れた現金入りの封筒があったのです。その先生は何を考えたのか、その忘れ物を盗んで持ち帰ったのです。防犯カメラで見られているというのに、なんと愚かな先生なのでしょう。そんなくだらないことで結局その先生は、仕事は懲戒免職、刑罰を受け、社会人としての信用まで失ってしまいました。小学校で子どもに道徳を教える教頭先生が、このような道徳のかけらもない行動をとってしまうのですから、人間の「欲」の感情はおぞましいものです。

「与えられていないものを私は取りません」ということが、「こころのお守り」であるという意味が実感できるでしょう。その先生の失敗は残念ですが、先生を責める必要はありません。それより、その先生の失敗から今学び、自分もほんの少し道をまちがえば、その先生と同じことをする、「欲」のある人間であると認めることです。そして、今この瞬間に、何が正しいことなのかと目覚めておくことです。

〈ひとり分で生きる〉

さて、「不偸盗」の基本を理解体得した人は、次に、「ひとり分で生きる」ということについて考えを深めましょう。「ひとり分で生きる」って聞いたことがありますか？　私は以前、環境とエネルギーの本で読んだのですが、現在、ひとりの日本人が使うエネルギー消費量は、東南アジアやアフリカの人々が使うエネルギー量のなんと一〇〇倍ともそれ以上とも言われています。つまり、ひとりの日本人が発展途上国の一〇〇〇人分のエネルギーを消費しているということです。同じ日本でも、江戸時代に参勤交代で江戸から京都まで、一〇〇人が六〇日をかけて移動したときのCO_2排出量と、現代の一家族が京都から東京のディズニーランドまで、自家用車を使い数時間で移動するときに排出するCO_2の量は、ほぼ同じだそうです。昔、一〇〇人が六〇日かけて使った酸素を、今は一家族が午前中に使いきるということです。これでは、オゾン層が破壊され地球温暖化が急速に進んでいるのも無理ないだろう、と納得がいきます。私たちのような一部の恵まれた国の国民がふつうに暮らすだけでも、時代や国が異なれば、ひとり分とはほど遠い、千人分、一万人分のエネルギーをむだに使っているのです。考えると気が遠くなりそうです。ですから、このような事実を知ったら、「ひとり分で生きる」→「小欲知足」の精神で生きることがいかに大切で、子孫の繁栄を願うなら当たり前の幸福な生き方だとわかるでしょう。

　さらに、仏教では、人間も他の生命も、生命として平等と説きます。「与えられていないものを取らない」というのも、人間の世界に限定したものではありません。その理を理解したら、私たちがこれまで、他の生命からどれほど大切なものを奪ってきたのか、気が遠くなるほどの無数の罪を犯してきたのか、いよいよ見たくはない、我のある人間のありのままの無慈悲な姿を見ることになるでしょう。

不邪淫《ふじゃいん》

「浮気はしない。私は性的な裏切りで満足を得ない」

これはおもに大人社会の恋愛感情に関する道徳です。仏教は大らかで、結婚してもその相手と折が合わないなら、話し合って離婚してもよしとします。男性で男性が好きなら、それもどうぞご自由にという考え方です。いったん神の前で結婚を誓ったら離婚は許されない、とは説きません。しょせん世俗的なルールなので、そのようなきつい規則は設けないのでしょうか。しかし、してはならないことは説いています。異性とつきあっているなら、その人以外とは決して交わらない。結婚して伴侶がいるなら、その相手以外とは交わらない。「不倫はしません」という道徳です。これを不邪淫戒と言います。現在はこの道徳が乱れた世のなかとなっています。いちばん不幸な目に遭うのは子どもでしょう。大人が自分の我欲でとった行動の結果、子どもが悲しみ迷惑する結果となります。

結婚したカップルが何らかの理由で離婚にいたった場合でも、この不邪淫の道徳を守り、秩序が保たれれば、「僕の父さんと母さんは、あまり仲が良くない。折り合わないから話し合って別れて暮らしている。仲は良くないが喧嘩はしていない」と、ありのままに子どもが理解できたら、不幸の種は最小限になります。

これも「こころのお守り」であり、自分にも周囲の者にも、よけいな不幸を招かない大切な道徳です。

不妄語《ふもうご》

「いつわりを語らない、嘘をつかない、乱暴な言葉で満足を得ない」

仏教入門者のための基本の道徳は五つあります。これが四番目で、順に書くと、不殺生、不偸盗、不邪淫、不妄語、不飲酒です。すべての説明を終えていませんが、こんな問いかけがあります。この五つの道徳のなかで、唯一の道徳を選ぶとしたらどれでしょうか？　さて、あなたはどう思いますか？

以前の私は、順番も一番目だし、何よりも命にかかわるので、唯一の道徳は「不殺生」に違いないと考えていました。しかし、ブッダの智慧はそうではありませんでした。この問いかけの答えは、法句経に説き伝えられています。

「唯一の道徳を逸脱し、嘘を語り、彼岸を無視する者には、どんな悪でもなさないものはない」

（法句経一七六の意訳）

「嘘をつかない」という道徳は唯一の道徳であり、嘘をつく者はどんな悪事もやる、やれない悪事はないという内容のようです。五十歳を越えて、ようやくお釈迦さまの教えに出会い、五つの道徳を守ろうと心がけるようになって、「嘘をつかない」ことが唯一の道徳であると身体で理解できるようになりました。

私は幸い、まじめで正直な両親に育てられて、親のうしろ姿や言葉から、「嘘を語らない」という基本を授かっていました。しかし、「嘘も方便」という言葉があるように、時と場合によっては「嘘も必要」、「嘘も人間関係の潤滑油」として受け入れる世俗的なレベルの理解しかありませんでした。

さて、嘘をつかないことが、なぜ唯一の道徳なのでしょうか？　嘘にもいろいろな種類がありますが、根本は人を騙して自分が得をしようとすること、自分の悪事を隠すことで、人を陥れ傷つけることにほかなりません。当然、嘘をつく人は人から信頼されなくなります。そして、嘘をつくことが習慣化すると、どんな悪事を働いても嘘で隠し通せるという悪い自信がつき、しまいには犯せない悪事はないというところまで落ちていくのです。

人間は弱い生き物で人目のない所では、つい小さな悪事をやってしまいがちです。そういう意味で小さな嘘もつかないことを実践するのは、けっこうたいへんなことです。だから、「嘘をつかない」ということをこころに決めれば、悪いことをしなくなります。経典のどこかに、「塵の重さほどの嘘も語らない」という意味の言葉がありました。また、嘘をつくのに使う時間は一刹那《せつな》という説明も聴いたことがあります。嘘を選ぶ瞬間は一秒間に六十回もあり、よほど自分のこころに気づいていないと嘘をついてしまう、ということです。

〈必要のない言葉はしゃべらない〉

ブッダの教えのなかには、「嘘」とは対極にある「正語」という教えがあります。その詳しい説明は別の機会としますが、要点は「必要のない言葉をしゃべらない」ということです。

初期仏教の修行道場に行ったとき、はじめに係の人から「必要のない言葉は話さないように」と説明を受けました。私は自分の意志でこころを浄らかにしようとその道場に行ったので、この注意をよく守りました。結局、一週間の合宿生活で必要な言葉は、お風呂が終わったときに次の人に伝える「終わりました、どうぞ」という言葉だけでした。それ以外はひと言も話す必要がありませんでした。嘘をつく以前に、そもそも「この言葉を話す必要があるだろうか？」と自己に問いかけるようになると、しだいに必要のない言葉に気づくようになります。いったい私たちが日頃なにげなく話している会話のなかに、本当に話す必要のある言葉はどれくらいあるのでしょうか。軽はずみに声に出す前に、「この言葉は今本当に必要だろうか？」と自己に問いかける沈黙の時間をつくれば、たいていの言葉は必要ないことに気づかされるものです。毎日テレビから流れ出る大量の言葉は、大部分はむだ話で必要がなく、有害な悪感情から生まれているように思われます。「仏道とは聖なる沈黙行」という言葉がありますが、「しゃべりたい」という欲の衝動がなくなる「こころそのものの沈黙」が、仏教の理想とする境地かと思います。

また、ある本で読んだことなのですが、ブッダが不妄語を唯一の道徳としたのは、不殺生という道徳を破り他の生命を殺しても、その数はたかが知れている、いっぽう、嘘をつくことでは、比較にならないくらい多くの生命が奪われる、と説明されていました。戦争がその顕著な例ですが、権力者が人々に嘘をつくことで、星の数ほどの生命が奪われて社会もろともに不幸が起きる。不妄語が唯一の道徳とされるのは、そのような理由もあるという内容でした。

〈唯一の道徳としての不妄語〉

嘘のない人生は、楽で自由です。嘘のない人はこの地球上のどこへ行こうと、こころの自由があるのです。「人にどう思われるか」と人目を気にして一喜一憂する不安がなくなります。私は私であり、私以下でも私以上でもない、ありのままの自分の姿が認められるからです。がんばって何者かになろうとする必要もなくなり、肩の力が抜けるのです。

もし、私の目の前に小学生がいて、この話を素直に聞いて、意味はよくわからなくとも、「和尚さんがそう言うのなら、私は一生嘘だけはつかないことにしよう」と決心し、ブッダの唯一のこころのお守りを授かったなら、その子にはその瞬間から、周囲のいいかげんな大人よりもよほど立派な人格が備わります。そして、生涯およその災いから免れ、立派な「徳」を積む人生を歩むことができるでしょう。そういう人は放っておいても、やがてすべての道徳を守れる人格者に成長するに違いありません。これが唯一の道徳「不妄語」の効用です。

不飲酒《ふおんじゅ》

「精神状態を変えるアルコールや薬物を摂取することで満足を得ない」

簡単に言うと「酒を飲まない」ということです。「智慧の妨げとなるものに近づかない」とも言い換えられます。この不飲酒という道徳は、「そんなの聞きたくない！」と言う人も多いと思います。かく言う私も、タバコは吸いませんが、お酒をまったく飲まないわけではありませんので、人に言うのもはばかりを感じます。しかし、ブッダの説く道徳なので、私の好みで歪めるわけにはいきません。そもそも、日本の文化では、正月や結婚式や葬儀の後にも、お神酒《みき》とかお屠蘇《とそ》、精進落としなどと称して、酒を飲む機会を設ける習慣があります。お酒を飲む文化まで否定はできませんし、その辺りに関する意見はいろいろあろうかと思います。

しかし、まず飲酒について確認しておきましょう。お酒を飲むことで、人が幸福になることはありません。得られるのは一時的な幸福感であって、飲みすぎたらどんな結果になるかは言うまでもありません。お酒を飲んで人生が豊かになった、成功したという人はひとりもいません。お酒を飲んだことで失敗した、人生を棒に振った人は数限りなくいます。なかには犯罪者となり、刑務所にまで行く人もいます。

お酒が好きな人は、お酒を飲んでいるとき、自分は守られていないという自覚が必要です。言うまでもありませんが、飲むならば社会のルールやマナーを守ったうえで飲まないと、周囲に迷惑がかかります。

仏教徒として、「放逸の原因となり、人を酔わせる酒類、麻薬など、智慧の妨げとなるものに近づかない」ことが、「こころのお守り」であるとこころしておきましょう。

こころのお守りのまとめ

以上、五つのこころのお守りを説明しました。五戒「不殺生・不偸盗・不邪淫・不妄語・不飲酒」と聞くと、少し厳しく感じるかもしれませんが、最初から、そんなものは私には守れませんと言ってしまう前に、できる範囲で次のことに日常的に気を配りましょう。

一つ、いかなる生命も殺さない、生き物を粗末に扱うことで満足を得ない。
一つ、与えられていないものを取らない、小欲知足の精神で、ひとり分で生きる。

一つ、浮気不倫はしない、自己を破壊する欲と怒りに気づき、手放す。
一つ、嘘は語らない、乱暴な言葉で満足したり、うわさ話やむだ話をしない。
一つ、お酒や麻薬など智慧の妨げになるもので満足を得ない。

以上の五つの道徳を守ろうと精進することが、仏教徒として基本の生き方だと言えます。ブッダの言葉によると、これはむしろ人間としての基本の道徳と考えたほうがいいでしょう。なぜなら、この五つの道徳はどれも宗教的ではないのです。経を読めとも、何かを礼拝しなさいとも、お坊さまにお布施しなさいとも、どこにも書かれていないのです。そもそもブッダの教えは、「宗教」という「信仰」を前提とした何かを信じる教えではなかったのです。

もし人間としてこの世に生を受けたなら、そして幸福に生きたいのなら、最低この程度の道徳を持ちなさいよ、というのが五つの戒だと私は思います。ですから、これは人間の基本であると理解して、「こころのお守り」としましょう。この人間の基本からはずれた人生を歩めば、その行為の結果、当然のように不幸に堕ちることになるのです。

三十年が経過して、聴くことができた言葉

私は二十歳代の半ばに、インドの仏跡巡りのひとり旅をしました。僧籍を取得した直後に、

お釈迦さまの故郷を歩いてみたいと思い、バックパッカーでインド仏跡巡りをしたのです。クシナガラというお釈迦さまが入滅された聖地をお参りしたときに、ある僧院に宿泊しました。たまたまカフェテラスのような場所に座っていたら、隣に茶褐色の衣を着たヨーロッパ系の金髪で目の美しい尼僧さんが座られました。少しばかり英語がしゃべれたので、その尼僧さんと話ができました。出身はどこですかと尋ねたら、たしかポーランドと答えられたと記憶しています。ある仏教の僧院で四年間修行をして、母国に帰るところだとおっしゃっていました。そのうちの二年間は沈黙の修行（言葉を用いない）だったと聞きました。物腰が柔らかく、立ち居振る舞いがゆったりとして、美しく徳のある尼僧さんでした。

その尼僧さんと話しているときに、たまたま私の左手の甲に一匹の蚊がとまりました。当時の私は当たり前のように、右手で叩き殺してしまいました。ほとんど反射的に、私と同じひとつの生命であるなどいっさい考えずに、当然のように叩き殺しました。そのとき、その尼僧さんはたいへん驚いた表情で、次に悲しそうに「なぜ蚊を殺すのですか？」と私の目を見て尋ねられました。私はその言葉の真意がまったく聴けませんでした。叱られた感じで、ばつが悪く言葉が出ませんでしたが、こころのなかで「蚊一匹殺すぐらい何が問題というのか！　神経質な人だなぁ」くらいに思っていました。

しばらくの沈黙の後、私は何か言い訳をした記憶がありますが、どんな言い訳をしたか憶えていません。今思えば、とりかえしのつかない過ちを犯したら、人間はどんな言い訳もできません。もう二度としませんと決心して、残りの人生を生きるほか道はないのです。

あれから三十年以上の歳月が経過しましたが、なぜかそのときのようすは今でもハッキリと憶えています。長い時空を経て、ようやく私は彼女のそのときの言葉が聴けるようになりました。たくさんの過ちと罪を犯して、その行為の結果を受けボロボロになって、やっと遅ればせながら気づくことができたのです。

「いかなる生命も殺さないこと、他の生命にやさしくすること」がこころのお守りであり、仏教徒としてのいろはのいであり、お釈迦さまから最初に授かるものです。これを実践しないで、私は仏教徒です、私は僧侶です、と思っていた私は、何という愚か者だったのでしょう。

当時の私は聞く耳を持たず理解できませんでしたが、尼僧さんの態度は、私に多くのことを教えてくれました。人を責めないこと、慈しみのこころで、他の生命や愚かな者を哀れみ、憐憫の情を持つこと、そして沈黙、こころの静寂を保つこと。もう二度とその方とお会いすることはできませんが、立派な師に出会えたと懺悔と感謝の気持ちがあふれます。三十年の歳月を要しましたが、その尼僧さんがどのようなこころの世界に生きておられたのか、彼女のこころの世界とその言葉の真意を理解できるようになるまで、私のこころが成長したことは喜びのなかの喜びです。

道徳の実践にあたって

仏教徒としての道徳の実践にあたり、五つのこころのお守りをたったひと言で言いあらわした言葉があります。それは、お釈迦さまが私たちに伝えられた究極の言葉だとして、初期仏教に現在まで生き生きと伝わっています。パーリ語で次の言葉です。

『Sabbe《サッベー》 sattā《サッター》 bhavantu《バワントゥ》 sukhitattā《スキタッター》』

日本語では、「**生きとし生けるものが幸せでありますように**」と訳されています。

この言葉は祈りとは違います。どちらかと言うと真理であり、日本仏教的に言うなら「真言」と言ってもよいと思います。しかし、呪文の類ではありません。ありのままの事実、真理を説いた言葉です。不殺生の項でお話ししましたように、

「すべての生きとし生けるものは、私たちと同じように幸福を願って生きている」、「すべての生きとし生けるものは、他の生命から傷つけられることを好まない」、「すべての生きとし生けるものは、他の生命を傷つけたり殺す権利は持っていない」。

そうして結論として、「すべての生きとし生けるものには、幸福に生きる権利がある」という真理を言っているのです。これは生命の憲章であり、生命の讃歌であり、まぎれもなく

ブッダが説いた慈しみの真理を端的に言いあらわした言葉なのです。ですからこれを唱える者には、真理の加護が縁起として生ずるのです。お釈迦さまが語られた言葉は、すべてが真理の言葉で、言い換えれば真言なのですが、そのなかでもいちばん多くの仏教徒に受け継がれているのがこの言葉だと言えます。

「生きとし生けるものが幸せでありますように」

東南アジアの仏教徒や初期仏教を学ぶ者は、一日中暇があれば眠っていないかぎり、この慈しみのこころを念じ実践しなさいと説かれています。私も初期仏教に出会ってから五年以上の歳月が経過しましたが、可能なかぎり、この「生きとし生けるものが幸せでありますように」という言葉を念じ続けています。これはそこらの「お守り」など及びもしないほどの効力があり、実践する者をおよその災いから遠ざけて幸福に誘います。

「生きとし生けるものが幸せでありますように」という言葉を、いつでもどこでも可能なかぎり、こころに念ずることを実践してみてください。不思議なほど、その効果が現れてくることでしょう。

「生きとし生けるものが幸せでありますように」と念じていたら、生き物を殺すことができなくなります。

「生きとし生けるものが幸せでありますように」と念じていたら、人のものを盗むことなどできません。

「生きとし生けるものが幸せでありますように」と念じていたら、邪まな我欲が消えてしまいます。

「生きとし生けるものが幸せでありますように」と念じていたら、嘘がつけなくなるのです。

「生きとし生けるものが幸せでありますように」と念じていたら、こころの成長、智慧の開発の妨げとなるものから距離をおくようになります。

「生きとし生けるものが幸せでありますように」という言葉を、あなたの人生のモットーとして生きられてはいかがでしょうか。

第三章　行為について

行為とは

「業」と聞けば、みなさんは何を連想しますか？　「業」とは何のことでしょうか？　似た意味で、縁起・因縁・因果という言葉があります。また、祟《たた》りや罰《ばち》などという言葉を連想する人もいるかもしれません。たいていの人は、何か人知を越えた神秘的な力や法則のことだと考えておられるのではないでしょうか。

「業」は、もともと日本では仏教用語として使われていました。お釈迦さまが使っておられたパーリ語では、カンマ kamma と言います。サンスクリット語では、カルマ karman です。カルマは現代語になっていますから、聞いたことのある方は多いと思います。このカンマ「業」というのは神秘的な言葉ではなく、ごくふつうの日常に使う単語で、「行為・作業・業務」という意味でした。

というわけで、最初に誤った概念を入れずに、業とは「行為」のことであると、まずはそのまま理解してください。今朝起きてから、すでにあなたはたくさんの行為をしたでしょう。

顔を洗う、歯を磨く、パンを食べる、話す、今日の予定を考える。これらのすべてが「行為」で、それが「業」なのです。

そして、「業」の本質を簡単に言うなら、何か行為をすれば、その行為はかならず結果を生む。行為とその結果の法則をも「業」と言います。

三業

人間は複雑に考える生き物です。現代人はますます複雑です。複雑にものごとを考え、考えることが良いことと考えて、さらに考え続けます。そうして、妄想観念のなかに生きて、最も肝心なこと、つまり事物対象や自分を、単純に「ありのまま」に見ることができなくなっています。十代ですでに考え過ぎて、自殺までする人がいます。日本はとくに自殺者が多い国と言われていますが、考えて、考えて、人間が生きることは複雑なことだと思い違いをしているのです。仏教ではそのような妄想概念を認めません。生きるということ自体は、軒のスズメもミミズもしている単純なことです。

業は三業とも言います。三業は、「身語意《しんごい》」のことで、つまり、「人間がこの世でするのは、この三種類の行為ですよ」という意味です。

・「身」　身とは身体で行う行為のことです。
・「語」　語とは「口」とも言い、話す行為のことです。
・「意」　意とはこころのことで、考え認識する行為のことです。

人間がこの世で行う「行為」、つまり「業」はこの三種類以外にほかはありません。あなたが今朝起きてからしたことも、あなたが生まれてから、今日までしてきたことも、すべてこの三種類だけです。

あなたの人生において、本当にこの三種類の行為しかしていないか、まず考えてみてください。これ以外の行為をしたと言うのなら、ぜひどんな行為なのか聞きたいものです。ちなみに、「聞く」という行為は三番目の「意」で、考え認識する行為に該当します。

最初にこのことが納得できたなら、人生とは複雑そうに思えても、実際はこの三つの行為をするだけなのだと達観してください。幸福になりたければ、この三つの行為を浄らかにすればよいだけで、この三つの行為が浄らかでない、すなわち「欲」と「怒り」で汚れていれば、自ずと不幸にいたるのです。このことがこころの底から納得できたなら、本当はこれ以上何も「業」の解説はいらないのです。

・何かの行為をしたら、かならず何かの結果を生む。

・善い行為をしたら、楽で善い結果を生む。
・悪い行為をしたら、苦しく悪い結果を生む。

自業自得

業について、その本質を言い当てた「自業自得」という熟語があります。この四字熟語は、小学生でも知っているかもしれません。しかし、一般の人々が日常語として使う自業自得は、ブッダの説いた自業自得とはまったく違います。一般の人は、この自業自得という言葉を、おもに他の人が失敗したり失脚したときに使います。それは言ってみれば、他者に対して使う言葉で、多少なりとも嘲笑するような悪感情が混じっています。場合によれば、「ざまぁみろ」といった敵対感情すら混じることもあります。

ブッダの説く自業自得は、そういう世俗的な悪感情の混じるものではありません。読んで字のごとく、自分の行為が自分に返ってくるという意味です。そこに他者はあってはならないのです。自分のしたことと、しなかったことの二つだけを見るのが、ブッダの説く自業自得です。

それでは、このブッダの説いた仏法としての自業自得を、三つに分けてお話ししましょう。

すべての生命は、自分の行為の結果は自分が受ける

一つ目は、「すべての生命は、自分の行為の結果は自分が受ける」という法則です。あなたが自分の人生を振り返って、「今、私は幸せで何も不満がない」と言うのなら、それは自業自得で、あなたの行為の結果だということです。もし、「私は不幸せで、自分の人生はこんなはずではなかった」と幸福でないなら、それも自業自得で、あなたの行為の結果です。人のせいにすることはいっさいないということです。何らかの病気を持っていても、病気の後遺症があっても、それも自業自得と説きます。親のせいで不幸になったとか、別れた夫や妻のせいで不幸になったとか、会社の上司や、出会った誰かのせいで自分が不幸になることはないという意味です。

この法則はどうでしょうか。大まかには「それはそうかもしれない」と納得しても、いろいろな事例を具体的にあげてよく考えてみたら、簡単に納得のいくテーマではありません。たとえば、あなたにかわいい無邪気な小学生の子どもがいたとして、交通ルールを守って横断歩道を渡って通学していたとします。そこに無謀な飲酒運転の若者が車で突っ込んできて、あなたのかわいい子どもを跳ねてしまいました。さて、こんな場合に、あなたの子どもさんも自分の行為の結果でそのような事態を招いたのです、と聞いて納得がいくでしょうか。それは納得がいかないでしょう。ふつうの人は、これは例外で、自分の子どもの行為の結果

とは思わないのです。しかし、ブッダの説いた真理に例外はありません。この件はいったん棚上げして、後で解明することにしましょう。

誰もが自分の行為の結果から逃れることはできない

二つ目は、「誰もが自分の行為の結果から逃れることはできない」という法則です。これはどうでしょうか。私たち人間社会には、犯罪者などの悪い人間がいます。泥棒や強盗は、悪いことをしても見つからなければ大丈夫、捕まらなければ問題はないと考えているはずです。少し智慧があり、道徳のある人ならそのようには考えません。世の犯罪者は、「悪い行為をしても、見つからなければ、その行為の結果は自分に返ってこない」と愚かな考えを持っている人々です。

経典には「海を渡るとも、山間の岩屋に隠るとも…」と書いてあります。今流に言うと、海外に逃亡しようと、地下室に隠れていようと、行為の結果から逃げることはできない、ということでしょう。

この法則は、少し智慧があり、社会でまっとうに生きている方なら納得がいくと思います。そもそも、人の物を盗んだり、人を傷つけること自体が不幸きわまりないのです。そのこと自体が罰以外の何ものでもないのです。また、この「誰もが自分の行為の結果から逃れることができない」という真理を本当に深く理解したら、刑罰をはじめ極刑を望むとか、人を罰する必要すらない世界が見えてきます。悪事を働いた者は、その行為の結果を自らの一生を台無しにしてまで受けるはめになります。その行為の結果は、命が終わっても終わることなく続く、というのが真理かと私は思います。人間の世界の法律より、真理のほうがはるかに厳しいのです。さらに、この法則をこころから純粋に単純に理解したら、「悪いことだけはごめんだ」「何があっても、私は悪いことだけはしません」という仏教徒の原点に立つことができます。

ちょっとした行為でも、行為をしたらその結果はかならず自分が受ける

三つ目は、「ちょっとした行為でも、いったん行為をしたらその結果はかならず自分が受ける」という法則です。ここでのポイントは、「ちょっとしたこと」です。

まずは、「こころに思う」ことは行為ではない、と考えている人が多いのです。ブッダの説く三業の中核は「意」で、すべての始まりは「こころに思う」ことです。こころに思うことはそれ自体で立派な行為であり、こころに何を思うか、つまり「意志」で人生が変わることを理解してください。ですから、悪いことを考えても行動しなければ罪はない、という一般的な考え方と、ブッダの法則は根本的に違うのです。考えただけでも、その行為の結果を

かならず受けるのです。都会で起きた凶悪な無差別殺人事件なども、その行為にいたるまで、「死ね」「殺してやる」という思考を何千回何万回と繰り返した結果が顕れたものなのです。

仏教では人間のこころのなかには、悪魔がいると説きます。仏教で説く悪魔とは、ちょっとでも楽をしたい、という自分のこころのなかに潜む「欲のささやき」のことです。一見悪気がないかのようにも思えます。この耳もとでそっとささやく悪魔のことを、仏典では「パーピマン」という名前で呼んでいます。かわいい名前でしょう。三角帽子をかぶった小さな妖精のような姿を想像します。恐ろしく怖い姿をした悪魔ではないのです。この悪魔は毎日毎日、何度も何度も現れます。そして、愚かな人は、これくらいならいいだろうと、パーピマンの言いなりに行動するのです。パーピマンの言い分は、簡単に言えば、仏教に出会い「欲」を捨てる仏道を歩んでいる人の耳もとで、「あなた、捨てる道なんてつまらないよ！　人生は短いんだよ。生きているあいだに楽しいことをして楽しまなきゃ！」とか、「家族を持ち、財産を持ち、いろいろな物を所有し、所有することが楽しみでしょう。何もなかったら、ただの貧乏人で楽しくもなんともないでしょう」ともっともらしく語り、ブッダの「手放す幸福」「捨てる道」を否定し誘惑するのです。

誰も見ていないとき、「このゴミはここに捨てても迷惑はかからないだろう」「こんなことくらいは黙っていたらいいだろう」「自分に関係ないから見なかったことにしよう」など、楽をする道は毎日の暮らしにいつでもあります。

仏道を歩む者は、まず「自分の気持ち」を疑い、最初に出たこころのささやきの反対を選ぶのが、智慧のある人の道だと私は教えられました。朝一度目がさめても、「まだ早いからもう一度寝ていよう！」とか、夜に本を読んで勉強しようと思っても、「まずはテレビでも見たら？」とか、お腹がいっぱいで満腹なのに「あれを食べたらもっとおいしいかもよ」など、パーピマンのささやきは止むことがありません。そのささやきのままに行動していたら、その結果に人間としてのこころの成長はありません。感情（煩悩）のままでは、こころは成長しないのです。

ちょっとした行為の結果とは

「人間は万物の霊長」という言葉がありますが、基本的に人間は「人間ほど優れた生命はない」「私ほど賢いものはない」と考えて生きているようです。どんなに謙遜しても、やはり人間は「自分が正しい」「自分が認識したことはまちがいない」という無智のなかで生きています。しかし、よく観察すれば、人間ほど愚かで無智な生き物はほかには存在しないとも言えます。仲間を殺すのも、自分を殺すのも、地球を破壊するのも人間だけで、大脳で考え過ぎるゆえの愚かさです。複雑に考え過ぎるので、単純な事実が見えなくなってしまうのです。観察力が乏しく、気づきがないのです。そういう意味では、人間ほどアホで自分勝手な生き物はほかには存在しません。さて、「ちょっとした行為の結果」をここで考察してみましょう。

〈花を見て想うこと〉

もし、あなたの家に「花」や「観葉植物」があれば、それを見て実際に考えてみてください。今、あなたの目の前に一輪の「花」があります。その花を見てあなたは何を思うでしょうか？日常でも花を見る機会はよくあるでしょう。そのとき、花を見て何を思ったでしょうか。散歩道に一輪の「花」が咲いていたとして、それを見て何も感じない人もいるでしょう。また、「美しい」と愛でる人もいます。この一瞬の「花」を見るときに生じるこころは、じつはあなたの過去の行為の結果なのです。花を見て「美しい」と感じて、一瞬でもこころに愛でる感情が浮かべば、それはその人の過去の善行為の結果だと仏教では説くのです。花を見て何も感じないのも、行為の結果です。花を見て「美しい」と、たとえ一瞬でもこころが和むのは当たり前ではないのです。実際、「花」を見て気分が悪くなったり、憂うつになる人もいるのです。心理学的には「トラウマ」と言いますが、もし、ある人が一輪の「百合の花」を見たとして、その人にとって百合の花が悲しい思い出や、思い出したくない不幸なできごとと記憶のなかで強くつながっていたら、百合の花を見て悲しくなったり、不機嫌になったりするのです。これが日常で常に起こっている行為と結果の法則です。何を見ても、何を聞いても、こころに起こる想念は、すべて例外なく過去の行為の結果です。これを業というのです。

ひとつの部屋に仮にあなたの親族が十人いるとします。一人ひとりの顔を見た瞬間に、無意識に浮かぶ想念が、あなたの過去の行為の結果です。もし、十人全員に喜びや懐かしさが浮かんだら、それはあなたの善行為の結果と言えます。しかし、もし親の遺産のことで兄弟と争っていたり、恨みのある親族がいたら、その人の顔は見るのも嫌でしょうし、喜びなど浮かぶはずもないのです。

ですから、もしあなたが嫌いな人、会いたくない人がこの世に存在するなら、それはまぎれもなくあなたの悪行為の結果なのです。地球上のどんな人間、どんな生命に出会っても、悪感情が生じない人は、それも偶然ではなく善行為の結果なのです。花を見ても、一枚の写真を見ても、誰を見ても、何を見ても聞いても、瞬時に起こる思考は、「想」という過去の行為の結果、すなわち「業」なのです。

善因楽果、悪因苦果

「身体で行う行為」「語る言葉」「こころに思うこと」の身語意の三業が浄らかで、過去に悪行為をしていない人は、当然の結果として、こころの平安や喜びがあり幸福です。反対に、身語意の三業が「欲」「怒り」「無智」で汚れていれば、当然その結果として、こころの平安がなく不平不満の人生となります。これを仏教では、「善因楽果」（善因善果）「悪因苦果」（悪因悪果）と言うのです。

行為の法則の補足

仏教の行為の法則、「業」は納得いただけたでしょうか。それでは、保留していた問題について解明したいと思います。自分の子どもが、何の落ち度もなく交通ルールを守り、横断歩道を渡っていたのに、飲酒運転の若者に跳ねられたという例です。

これも自業自得と言えるのか？　自業自得は本当に例外のない真理なのか？　この問題はあなた自身が人生をかけて解くべきもので、決して押しつけることはできません。これから私の考えを伝えますので、どうぞ参考までにお聞きください。

この問題の原点は、この世界をどう見るか、人間という生命をどうとらえるかといった大きなテーマになってきます。世界観や生命観、人間観とも言えます。この世で人間という生命は特別で、人間のなかでも「私」という生命は超特別なのだ、と思い込んでいる人が圧倒的に多いだろうと思います。冷静に考えればそうではなくても、人間はそう思いたいのではないでしょうか。そして、当然、「私」の子どもも超特別なのです。最初に、私たちは他の人間や他の生命の死については、とても冷淡で無慈悲でいられることに気づくべきだと思います。地球の裏側で爆弾テロがあり、小学生が犠牲になったというようなニュースは珍しくありません。ニュースを見て少しかわいそうに思っても、一瞬過ぎたら平気で食事をしています。交通事故で死ぬのと、爆弾テロで死ぬのとでは、どちらが理不尽かと言えば、それは後者のほうだと言えるかもしれません。しかし、自我から見れば、そうは見えないのです。また、私たちは他の生き物の死は豊漁だとか新鮮だとか言って、「喜び」さえしています。これも自我のなせるわざで、「私の○○」「自分の○○」という死でなければ、人間はさほど悲しくもないのです。「それは当たり前だ」としないで、なぜに他者の不幸、他者の死には冷淡になれるのかが大問題なのです。そのこころを見れば、「私は特別」「私の子どもは特別」と当たり前のようにまちがった見方で世界を見ている自分の世界、「我」があります。自分に起こったことが大問題であり、よそで起こったことは問題ではないのです。

次に、すべて原因があり、起こるべくして起こっているという単純な事実を見るのです。飛行機に乗れば、何十万分の一かの確率でかならず墜落します。現在も過去もそのとおりです。あなたが次に乗る飛行機も特別ではありません。もし、飛行機事故に遭うのが絶対に嫌なら、飛行機には乗らないことです。それ以外に道はありません。落ちてから飛行機会社が悪い、操縦士が悪いと言っても後の祭りです。車に乗っても電車に乗っても同じです。

車に跳ねられるのが絶対に嫌なら、道路は歩かないとするほかありません。人間の社会には、私たちの仲間の人間には、悪い奴がいっぱいいます。人の物を盗む者、傷つける者、悪いとわかっていても飲酒運転する者、乱暴し殺す者も現実にいるのです。ですから、そういう者に出会うことも残念ながらあるのです。絶対にそういう連中と会いたくないなら、家から一歩も外に出ないことです。それでも向こうからやって来る場合もあります。人間がこの世で生きるということは、そのような危険のある世界で生きるということです。そうして、世界は理不尽で私は特別ではないと理解できたら、この世とはそのような世界であると、ありのままに理解するのです。

仏教では、この世のことを、娑婆《しゃば》、忍土《にんど》、穢土《えど》、欲界とも言います。この世はろくな世界ではないとブッダは説いています。まず、この世界をありのままに理解しましょう。「それでよし」と、肯定して言っているのではありません。そうなっているという「ありのまま」の姿を言っています。

重ねて言いますが、この世のなかは理不尽です。努力しても実を結ばないこともありますし、嘘つきが得をして、正直者が損をするかのように見えることも多々あります。仏教では人間が特別ということも、「私」が特別という考えもありません。一匹のアリとあなたのかわいい子どもも同じ生命で、生命としては同じなのです。一匹のアリが特別に扱われないのと同様に、私やあなたやあなたの子どもが特別ということはないのです。

一匹の子豚が屠殺され、あなたがその豚肉を食べたとしましょう。そこにその子豚の母親がやって来て、「私の子どもを返してください」とあなたに詰め寄ってきたら、どう返事しますか。バカバカしいと思わずに、素直に考えたら、答えようがないのです。私たちは知らず知らずに、「私は人間という特別な生き物で、よい生き物だ。よい生き物だから当然、幸福に生きる権利がある」と考えているのではないでしょうか。しかし、まず私たち人間が他の生命にしていることをありのままに見れば、人間ほど他の生命にとって脅威で、恐ろしい無慈悲な生き物はいないのです。

「人間は万物の霊長」というより、「人間はすべての生き物の嫌われ者」と理解したほうが事実に近いのです。人間が善なる生命で、特別な生き物と見るのはまちがいです。「一匹の子豚の死は当然で、自分の子どもの事故はあってはならない」ということは法則として成り立たないのです。

業の法則は人間である私たちには完全に理解できない

業の法則の大筋は理解できたでしょうか。しかし、業の教えを完全に理解することは不可能です。なぜなら、仏教で行為の結果と言っているのは、何もこの世のことだけではないのです。仏教の世界観では、この世に生じたのは、「再び生じた」のです。輪廻する世界に生存していて、過去の業の結果で、この世に生を受けたと説いています。すべてを自我から理解し納得することは不可能です。

私にも子どもがいます。私にとってはかわいい子どもです。その子どもが飲酒運転の若者に跳ねられたら、それは悲しいです。納得もいきません。しかし、私はそれが子どもの業なのだと理解します。腹を立て、恨みを持って生きるより、私はブッダの教えを選びます。これが私の「業」「自業自得」の法則の理解です。

「業」とは、身語意の三つの「行為」のことです。そして、身体で行う行為も、口で語る行為も、そのもとは意（こころ）の働きです。つまり「業」とは「意志」とも言えます。

最後に、ブッダの言葉で「行為の章」を締めくくりたいと思います。

「人間は業によって、この世に生まれ、業によってこの世で生き、業によってこの世を去る」とブッダは説いています。人生で起こるできごとは、好ましいこともありますし、好ましくないこともあります。そのすべてを私の業であると受けとめ、ありのままを認めるのです。それこそが真理で、真理に沿った生き方でこそ、こころが落ち着き、静寂を得るのです。なぜという疑問は持つ必要がないのです。

お釈迦さまは、私たちにこの自業自得の法則を理解したうえで、可能なかぎり悪いことをせず、道徳を守り慈しみのこころを育てて生きなさい、とおっしゃっています。悪い行為をしないことで、悪い業の結果が生じるのを最大限防ぐ生き方をしなさい、と説いているのだと思います。

業に関連したブッダの言葉

㈠悪い行為が熟さないうちは、愚か者はそれを蜜のように思う。しかし、悪い行為が熟すとき、愚か者は苦しみを受ける。

㈡悪い行為はしぼりたての牛乳のように、その日のうちには固まらない。しかし、灰に覆われた火のように、燃えながら愚か者にまとわりつく。

㈢「それは私には返ってこないだろう」と、悪い行為を軽く考えてはいけない。水滴が落ちて、やがて水瓶があふれるように、愚か者は悪の報いに満ちあふれる。

㈣「それは私には返ってこないだろう」と、善い行為を軽く考えてはいけない。水滴が落ちて、やがて水瓶があふれるように、智者は善の報いに満ちあふれる。

㈤空にも、海にも、山のほら穴に隠れても、自分の悪い行為の報いから逃れられる場所は、世界のどこにも見つからない。

（法句経　六九・七一・一二一・一二二・一二七）

仏教の聖者ではありませんが、マザーテレサさんは、次のような言葉を残されています。

考えに気をつけなさい　それはいつか言葉になるから
言葉に気をつけなさい　それはいつか行動になるから
行動に気をつけなさい　それはいつか習慣になるから
習慣に気をつけなさい　それはいつか性格になるから
性格に気をつけなさい　それはいつか運命になるから

（マザーテレサの言葉より）

第四章　言語について

言葉と表現、命名について

最初に言葉と表現、名前や命名について考えてみましょう。なぜ私たちはすべてに名前をつけるのでしょうか？　何かを見て、そのものの名前が頭に浮かぶことはよくあるでしょう。名前をつけないといったい何が起こるのでしょうか？　これはたいへん大事な問いかけです。観察するには静かなこころと情熱的な注意力が必要です。

若い頃、インドのカルカッタで交通事故を見ました。人ごみのなかで、女性が高級車に跳ねられたのです。私はたいへんなことが起こったと思いました。ところが、運転していた男はクラクションを鳴らし、野良犬を追い払うように、その女性に窓から怒鳴りつけました。女性はやはり野良犬のように脅えて、足を引きずってその場から逃げ去りました。ほんの十秒で、何ごともなかったかのように事は終わりました。私が知っている「人身事故」「救急車」「人命」「人権」「平等」「道徳」「責任」といった言葉は、そこにはありませんでした。しかし、何千年と続いた「カースト」「差別」という言葉がありました。

あるできごとに名前をつけることで、その名前が非常に大きな力を持ちます。言葉は、感情を含む思考であり、時間と空間も内在しています。言葉は人間のすべてを支配しています。歴史のなかで、多くの殺戮《さつりく》が起きたのも言葉の力で、善がなされたのも言葉の力です。こういったことから、言葉に意義を与えることの危険や、言葉から自由になることの重大さが垣間見えるでしょう。

言語とは

言語と会話について考えてみましょう。そもそも、言語とは何でしょうか？　言語を使うのは人間だけではないようです。カラスが鳴くのも、犬が吠えるのも、一種の言語のように思えます。クジラやイルカなどの哺乳類は、かなり高度な言語によるコミュニケーションをすると言われています。では、人間にとっての言語とは具体的にどのようなものでしょうか。日常の行為から観察してみましょう。

「おはよう！」「昨夜はよく眠れた？」。「コーヒー煎れてちょうだい！」「いいよ、ここに置くよ！」。言語の基本は、「言うこと」「聞くこと」「考えること」で、「言葉」を用いてコミュニケーションすることのようです。

〈言う〉＝「感情」や「欲求」が生まれ、それを言葉で表現し、相手に発する。

〈聞く〉＝「音」を聞くこと。「音」を「言葉」として認識し理解すること。

〈考える〉＝表現したい内容に合う適切な言葉を瞬時に選択する。聞いた言葉を瞬時に認識し理解する。


大まかにはこのような行為によって、共通の「言葉」を介し、他者と意志を伝え合うこと、あるいはその手段が言語のようです。それでは、いったい私たちはなぜ、言語を用いるのでしょうか？　言語を使う理由は何でしょうか？

言語は感情を伝えるツール

言語はそもそも、自分の感情を他者に伝えるためのツールと言えるのではないでしょうか。いろいろな場面で言語を使いますが、そのほとんどが「感情を伝える」ことです。うれしいこと、悲しいこと、不愉快なこと、人間は自分の感情を身近で大切な人に理解してほしいと思っています。「欲求」や「意志」を言語で伝えるという場面も、日常生活ではたびたびありますが、欲求や意志も、「〜したい」「〜が欲しい」という「感情」と言えます。一見「感情」とは思えない事実や情報を理性的に伝えるときでも、街に出て誰にでも伝えるわけではありません。「この人に伝えたい」という対象があり、そこにはかならず「感情」があって、伝えるという行為が生まれているのではないでしょうか。

感情について

では、「感情」とはいったい何なのでしょうか。この問題は仏教ではきわめて大切な人間理解の根本になります。仏教では基本的に「感情」のことを「煩悩」と呼びます。驚いたことに、「感情」＝「煩悩」なのです。百八つの煩悩などと言いますが、煩悩の基本は三種類です。三毒煩悩ともいい、「欲」「怒り」「無智」の三つです。

生まれたての赤ちゃんを見ればわかりますが、赤ちゃんには「理性」はありません。まだ理性は育っていませんが、「感情」はハッキリとあります。「泣く」「笑う」、感情は生まれたときからすでに人間に具わっていました。明確に言うと、生まれる前からすでに感情があったというのが真相です。詳しくは説きませんが、その「感情のエネルギー」こそが輪廻のエネルギーである、と仏教では考えます。前の生で完全に超えることができなかった「感情のエネルギー」の結果で、生を得る（再び母胎に宿る）と仏教では説きます。

ようするに、人間の生命エネルギーの根源が「感情」であるということです。「感情」を後からつくったのではなく、最初に「感情ありき」、すべてはそこから始まっています。そして、その感情が、「欲」「怒り」「無智」の三種類であるというのです。仏教では人生の理想、究極の姿を「涅槃《ねはん》」と言います。それはもっと平たく言えば、「感情」を完全に制することにほかなりません。「感情」を制して、「理性」一〇〇%で生きることが人格の完成であり、「涅槃」と言えます。

感情と理性と言語

人間は何に触れてもまず、感情が生じます。さらに言えば、「好き」と「嫌い」のことです。これが「欲」と「怒り」のもとです。赤ちゃんを見れば、これも事実として観察できます。赤ちゃんは何か心地が悪いと泣きます。お腹が減る・寒い・熱い・痛い・痒いなど「嫌な感覚」を感じると「不快」「怒り」の感情が生じ、それを「泣いて」表現します。「苦しみ」が消えて心地よいと「楽」を感じ、その感覚が「好き」で、この感覚を「欲する」ようになります。心地がよいと、笑顔で表現します。このように、人間はみな刻々と変化する世界に触れて、その感覚が不快だと、「嫌い」「怒り」の感情が生じ、いっぽうその感覚が心地よいと、「好き」「欲」の感情が生まれます。

しかし、その感情をそのままに放っておき、感情のままに生きるのでは、人間としての成長はありません。そこで、「感情」をどう扱うのか、という問題が生まれるのです。「感情」

をどう扱うのかは「理性」の働きです。そして、それこそが人間が人間として生きることであり、人間としての成長、こころの成長なのです。

言語は感情を伝えるツールではありますが、感情を制し、理性で自分の欲求をどのように他者に伝えるのか、自分の生きる欲求（生存欲）をどのように解決するのかが言語の重大な課題なのです。人間の場合、「言語能力」は「生きる力」そのものとも言えます。

子どもと感情

私は毎週数時間、小学校で三年生の子どもに、非常勤の先生として書写を教えています。この時期の子どもは、まだこの感情の扱いがうまくありません。言語能力、すなわち、生きる力が十分に育っていないのです。何か問題が起きたとき、たとえば、毛筆で文字がじょうずに書けない、などの不愉快なできごとに出会ったとき、ときどき私に向かって「半紙を丸めてぶつける」といった行動に出る子どもがいます。彼のこころのなかでは、課題を理解してお手本を見て、これと同じ字を書きたいという「意欲」（欲）の感情がまず生じました。しかし、やってみたらうまく書けない。書いた字を見て、願った結果ではないので、不愉快な感情が生じたのです。智慧のある子どもなら、どこにまちがいがあるのかと理性的に考えて、その原因を理解して、もう一度チャレンジします。しかし、未熟なこの子は、不愉快な感情を「怒り」にして表現してしまったのです。「どうしたのですか？」と冷静に尋ねて、その子がこころを開いてくれれば、「じょうずに書きたかったのだね」「ここをこうすれば書けるよ」などと会話ができて、練習をして課題が解決できるようになります。ところが、残念なことに、このような子どもはおおかた、こころに問題を抱えていて、そのような会話が成立しないのです。このような子どもの態度に対して、大人が感情的になって「怒り」を返しても、何の解決にもならないのは当たり前の道理です。

大人と感情

大人でも、この基本は変わりません。危険な大人とは、理性が乏しく感情のままに行動する人のことです。車の運転をしていたら、強引に割り込み、乱暴で危険な運転をする人に出会います。先ほどの半紙をぶつけた子どもと同じです。その人のこころには何が起こっているのでしょうか。最初に「目的地に行きたい」という単純な「欲」が生まれました。そして、その感情に気づくことも、制御することもしていません。思いどおりに事が運ばないと、「怒り」のエネルギーをつくり、周囲を威嚇してまで、その欲を強引に通そうとします。こころが危険な「貪欲《とんよく》」と「怒り」のエネルギーの塊になってしまっているのです。これでは大人の姿はしていても、こころは幼児のままです。このような行動は、爬虫類と変わらない直情行動でたいへん危険です。こころがまったく成長していないのです。感情のままに行動することが自由なのだと思い違いをして、「欲」と「怒り」を野放しにしています。やがて周囲や自身も破壊し、すべてを燃やしてしまうでしょう。そのような人に、あなたはいったいどこへ行きたいのですかと尋ねたら、パチンコ屋さんであったり、スーパーへの買い物であったりします。なぜ急ぐ必要があるのか、と考えるような冷静な視点はないのです。そもそも人生は急いでも、この世の最終目的地は「死」以外の何ものでもないのです。「欲」と「怒り」の衝動で急ぐ人は、絶望と死に向かって急いでいるようなものなのです。

このように、私たちが人生をまっとうに生きるためには、「感情をどう扱うのか」が大きな問題で、幼児期も、青年期も、成人になっても、いつでも大切な問題です。老人になって最期臨終の夕べを迎えるときの、輪廻を決定づける重大な最終テーマでもあるのです。

言語能力の致命的な差

小学校には一クラスに四〇人ほどの子どもがいます。一人ひとりの言語能力、「聴く力」の差は驚くほど大きく、愕然とするほどです。ある子どもは、私が何を言っても通じません。右から左などと言いますが、右の耳にも届かないと思える子どもが本当にいます。残念ながら「聴く力」がゼロの状態です。そうかと思えば、私の目を食い入るように見て、こころの奥まで映し取るような「聴く力」を持った子どももいます。この違いはどこから来るのでしょうか？　聴覚の違いとか、学力の違いではありません。もちろん、「聴く力」を持つ子どもは学力も向上しますが、それは学習能力の違いではありません。

この両者の違いの根源は、じつはお母さんとお父さん、家庭環境の違いです。ある家庭では、お母さんはこころに感情が生じたら、感情のままにしゃべります。お父さんも感情のままにしゃべり行動します。このような家庭で育った子どもは、生じた感情は、感情のままにしゃべり、行動し、感情をそのまま相手にぶつけたらよいのだと、感情の表現を学んでしまいます。そもそも、ゆったりした会話や話し合いが成立しません。ひとりがしゃべり、その合間もなく、かぶせてもうひとりがしゃべり、感情をぶつけ合う。子どもは、感情はこのように垂れ流しのままに相手にぶつけるものだと学び、「聴く力」も「会話能力」も十分に身につかず、「理性」が育ちにくいのです。日常生活を通じて、人間の知性がその程度だと思ってしまうのです。さらに、思いどおりにならないと暴力を振るうお父さんがいたら、それは独裁国のように、権力と恐怖による上下の暴力的な組織構造があるということです。子どもは暴力で相手を支配することを親から学習してしまいます。感情がねじれてしまって、その結果、会話がなくなり、不平不満、怒りや恨みの沈黙のみがある家庭になります。そのような崩壊した家庭で育った子どもの現状はさらに悲惨です。

別のある家庭では、お母さんのこころに感情が生じたら、その感情をそのまましゃべるのではなく、どのように相手に伝えようかと一瞬の沈黙があり、感情を整理してゆったりと相手に伝えます。聴くお父さんも、冷静に相手の言葉を聴いて、相手の感情を読み取ります。二人の会話にはかならず「沈黙の間合」があります。その刹那の沈黙が大切なのです。その短い瞬間に、互いに自分の感情を冷静に見て、適切な言葉を選びます。感情を交えずに、相手にこころの「ありのまま」を嘘なく「伝える」、かつまた「聴く」のです。このような家庭で育った子どもは、言語はこころに生じた感情をそのまま相手にぶつけるものではない、感情を冷静に見て、ゆったりと適切な言葉を選んで、相手のこころに贈り届けるものだ、ということを労なく学ぶのです。そうして、人間として最も尊い知性や、奥深い徳性が育まれていくのです。このような家庭では、言葉の説明はなくとも、「自由」や「平等」、相手を生命として尊重するこころが自然と身につくのです。

この両者の違いが致命的で、月とスッポンほどの違いがあるのです。親が自己中心の独裁者なのか、慈しみあふれたお釈迦さまなのか、くらいの相異があるのです。ですから、言語、すなわち「聴くこと」「言うこと」を馬鹿にしてはいけません。家庭でのお母さんとお父さんの日常的な、力の入らないありのままの姿が、確実に子どものこころを形成し、人生そのものを変えていくのです。小学校の三年の段階での、この「聴く力」「言語能力」の違いは驚異的な差です。そして、それはその後の人生を確実に左右し、人生のゴールまでも大きく変えていくのです。

「聴く力」「言語能力」の悲惨な現状

近年、この「聴く力」「言語能力」の乏しい子どもがビックリするくらい増えています。そもそも「人の話を聴く」「会話する」という経験が乏しく、そういう感覚自体がないのです。人間どうしが目を見て会話するという選択肢がないのです。ですから、私のような非常勤の先生が「〇〇くん、これについてどう思いますか？」と尋ねても、返答も反応もできない子どもが本当に増えているのです。「聴く楽しさ」「言うおもしろさ」、会話によって「考え」や「感情」が変化していく、そのような素朴で人間らしい楽しさ豊かさを知らないのです。

この実態を間近で見れば、みなさんは愕然とすると思います。そして、これは周囲の大人社会の問題であり、小さな子どもには責任のないことです。

みなさんは、新聞やテレビで、未成年者が人を殺してみたかったという理由で人を殺した事件を知って、「なぜ？」と思われたでしょう。私は子どもたちの置かれている、こうした悲惨な現状を知っていますから、まったく不思議には思いません。何ごとも原因があって、起こるべくして起きているのです。

仏教では、「正しい言葉」「和顔愛語」などと言いますが、これは大人である私たちが、人間の基本として実践すべきテーマです。「言葉のしつけ」は子育てにおいてきわめて重要ですが、子どもに直接教える必要はいっさいありません。実践するのは私たち大人です。これは毎日の日常生活で実行できる仏教の道、こころを育てる実践になります。この正常で誠実な大人の姿を見て、子どもは放っておいても勝手に学ぶのです。それが仏教的な子育ての基本です。子どもを立派な人間に育てたいのなら、子どものほうを向くのではなく、自分がひとりの人間としての人格の完成の方向に向き、すなわち「こころを育てる」人生を歩むだけでいいのです。

人間はオオカミの仲間

子どもの親に対してだけ述べているのではありません。教室でもまったく同じことが起きているのです。担任の先生がほぼ全教科を教える小学校の同学年のクラスでも、著しい差が現れる場合があります。担任の先生ひとりの責任にはしませんが、先生が落ち着いていて、ゆったりと理性的で、こころの通った話し合いのあるクラスと、先生が「叱る」と「怒る」の区別を知らず、感情的になって腹を立て、子どもを怒鳴りつけるようなクラスとでは、半年も経過すれば、教室のようすが月とスッポンほどに違ってきます。これは、みな同じ根源、「聴く力」「言語能力」、こころの違いから生じているのです。子どもは、大人が育てるもので、社会で育つものです。親も先生も、子どもの周囲に生きている大人にはこのような社会人としての責任があることを知って、自分の言動に注意するべきなのです。

そもそも同じ哺乳類でも、人間はネコなどと違い、犬やオオカミの仲間です。オオカミの仲間は群れで社会生活をします。群れのなかにはかならず「ボス」〈規律〉が存在して、その「ボス」の統率力で群れの性質も変わります。人間の家庭や社会でも同じです。ボスがその役割を果たさない、あるいはボス不在の場合はその群れが荒れてきます。ボスの資質のない者がボスになると、その群れは規律が乱れ、無法状態になり、闘争が生じます。

私は坊さんとして年に数百軒の家にお参りしますが、ときどき犬を飼われている家庭を訪問することがあります。犬も子どもも似たようなもので、賢くしつけされ、おとなしい犬もいるかと思えば、誰彼かまわずけたたましく吠えて、咬みつきそうな、凶暴でしつけされていない犬に遭遇することもあります。この違いは「ボス」〈規律・しつけ〉の違いです。飼い犬が、誰がこの家のボスなのかを理解して、ボスがその役割を果たしている家では、このような事態は起こりません。後者の家では、ボスが不在で、飼い犬が自分を一家のボスだと思い違いしているのです。社会的動物である犬や人間にとって、これは幸不幸を左右する大きな問題です。大人には社会人としての責任があるのです。

さて、このようなわけで、人間の人間としての成長とは、こころの成長のことであり、それは、感情をじょうずに扱うこと、つまり感情を制して理性を学ぶことなのです。そして、それはより身近なこととして、正しく言語を学び、正しく言語を使うことなのです。

ブッダが説かれた人間としての正しい道、仏道の実践項目に『八正道』があります。その八正道のはじめの四つまでが、じつはこの言語に関連しています。

一、　正見（ありのまま見る・ありのまま聴く）
二、　正思惟《しょうしゆい》（正しい思考・正しく考える）
三、　正語（正しい言語）
四、　正業（正しい行為）

このことからも、仏教徒として言語を正しく学び扱うことが、どれほど仏道の中核となっているのか理解していただけると思います。

第五章　善悪について

善いこと、悪いこと

私は今週、五十七歳になりました。こころは中学生くらいの気分なのですが、現実の肉体年齢は言っている間に還暦を迎えようとしています。ほんの少し前に青年だった気がしていて、六十歳になろうとしていることに実感が湧きません。そんな今日この頃は、可能なかぎり道徳を守りまじめに生きています。僧侶として依頼のある法事や儀式を行い、法話をして、毎日二時間以上仏教の勉強と冥想（修行）をしています。週に数時間小学校の先生として子どもに書写を教え、掃除・洗濯・料理など妻とともに家事も一応こなして、近所のスーパーによく姿をあらわす小市民です。

さて、その私が毎日している行為が「善いこと」なのかと問われたら、答えるのは難しいです。さすがに「悪いこと」こそは、意識の上ではしていませんが、「善いこと」なのかは疑問が残ります。みなさんが毎日している行為も、それは「善いこと」なのかと問えば、答えるのは難しいのではないでしょうか？

また別の角度から言えば、あなたは「善人なのか、悪人なのか？」という問いかけにもなります。さすがに、大きな罪を犯した犯罪者は別ですが、そうでもないかぎりは、私たちは自分のことを、こころの奥では「善人」と考えているのではないでしょうか。しかし、「私は善いことをしています」「私は善人です」と言いきる人がいたら、その人はあまり信用のできない傲慢な人か、智慧の足りない人ではないでしょうか。「善」は難しいものです。街に出て「善いこと」をしようと思っても、何が「善いこと」なのかの判断は難しいと思います。

人間には善悪の判断能力が欠落している

それでは、「善いこと」「悪いこと」、善悪について考えてみましょう。そもそも、私たちに善悪の判定ができるのでしょうか？　意識的でなくても、「善いことと悪いことの判断くらいは、人に言われなくてもわかっている」と考えている人が多いのではないでしょうか。この問題ははじめに真剣に考えてみる必要があります。「私に善悪の判断能力が本当にあるのか？」という問いかけです。これは相当深いテーマです。仏教ではまず、「人間である私には、正しい善悪の判断能力が欠落している」という立ち所に立つことが、何より肝心だと説いているようです。

現在の人間社会を見てみましょう。相変わらず悲惨な戦争があり、著しい貧富の差があります。飢餓・貧困・差別・暴力…。身近なところでも、万引き・窃盗・痴漢・売買春・麻薬・飲酒運転…。犯罪がなくなる気配はありません。警察官の殺人事件・教員の痴漢事件・政治家の着服事件・ひき逃げ…。これらの事実は、立派な姿をした大人であっても善悪の判断能力が欠けているという動かぬ証拠と言えます。一国の主である、立派な学識を備えているはずの大統領や大臣を名乗る人が有識者との会議の末に戦争を選び、敵対する国の人間を殺すことがいまだに起こっています。また、正義と称して、それらの権威に暴力で応戦するテロも悲惨な状況を生み出し、道徳の片鱗もない人質処刑事件が起きています。これらは、人並み以上に優れた頭脳や技術を持った人ですら、善悪の判断能力が欠落しているという証拠ではないでしょうか。

こういった事実から、「愚かな人間がいる」という結論を出すのではなくて、「人間である私が愚かなのだ」と、自分も少し立場が変われば、なんら彼らと変わらない同じ行動をとる可能性があることを知らなければなりません。それは、つまり、「私には善悪の判断能力が欠落しているのではないか」「私には正しい善悪の判定はできないのではないか」という反省と自覚が必要だということです。

善悪の基礎

そもそも私たちはどこで善悪を学んだのでしょうか。じつはこれは簡単なことで、お母さんとお父さんにその基礎を教えてもらったのです。生まれたての赤ちゃんには、知識も理性も、もちろん善悪もありません。私も確かにそうでした。お母さんは、「これはしてはいけません」「これをしなさい」という命令形で、わが子に善悪の基礎を教えるのが仕事です。お母さんのなにげない言葉のなかに、「善悪」も「道徳」も「情愛」も、人間の基本のすべてが含まれているのです。おおむね五歳頃までに、人間としての善悪の基礎が無意識に身につきます。お母さんは、正しい善悪を意識してわが子に教えるわけではなく、日常会話のなかで当然のこととして無意識的に教えるのです。

さて、そのように私たちは無意識に善悪の基礎を親から学んだので、善悪は自分の体臭のごとく、気がつかない当たり前の基準となっています。その善悪を自覚なく無意識に理解していることが、じつは大きな問題なのです。良識のある両親に育てられたら、それなりの道徳や善悪観は身につくのですが、その程度の無意識的で人任せの善悪観では、最初にお話しした道をはずした権力者たちと大差はないのです。

善いこと、悪いこと、どちらでもないこと

そもそもブッダは、この世には「善いこと」と「悪いこと」と「どちらでもないこと」の三つがあると説かれました。最初に基本のテストをしてみましょう。

・親に勉強をしなさいと言われた子どもが、努力してクラスで一番の成績をとりました。
・スポーツに関心のある子どもが、サッカーの大会でゴールを決め優勝しました。
・しっかり勉強して立派な大学に入り、大企業に就職してお金持ちになりました。

さて、これらは三つのうちどれに当てはまるでしょうか？

どれも「うれしいこと」かもしれませんが、いずれも「善いこと」とは言えません。これらは「どちらでもないこと」です。一見「善いこと」にも見えてしまいますが、善悪の問題ではありません。その過程で学んだことは大切なことだったかもしれませんが、これらは善悪の問題ではないのです。

では次の事例はどうでしょうか？

・会社を経営して金持ちになり、高級車に乗り、奥さんのほかに愛人も持ちました。
・大学院に入り研究を進めて、原子爆弾よりたくさんの人を殺せる兵器を開発しました。

解説するまでもありません。これらはまぎれもない「悪いこと」です。ひとりの大金持ちが存在することは、何万人もの貧乏人をつくることにもなります。大金持ちになった者は、持ったお金で人々に役立つことを実行しなければ、大金を集めただけなら、それ自体が「悪いこと」になる場合もあります。

さて、このように考えたら、私たちが毎日している社会生活での行為は、ブッダの言う三つのどれに当てはまるのか、けっこう難しい問題なのです。学校で一生懸命に勉強して、会社に就職して必死になって家族のために働くことも、「善いこと」と言えるのかどうかの判定は難しいものなのです。

ブッダの説いた善悪

さて、それではブッダの説いた善悪についてお話ししましょう。最初に、強い印象を与えるために少々強調して申します。ブッダは「善いことをするな!」と言われました。「えっ!それは反対じゃないの」と思われるかもしれません。少し仏教を知っている方なら、「七仏通誡偈」を思い出されたかもしれません。七仏通誡偈には、「悪いことはしない。善いことをしなさい。これが仏の教えです」と確かに書いてあります。この「七仏通誡偈」のことは後で解説しますので、まずはお聞きください。

さて、人間社会や人類の歴史をもう一度振り返ってみましょう。正義という名の戦争や、神の名を使った復讐が蔓延しています。そもそも戦争は「善いこと」＝正義として選択されたものです。昨年、平成二十七年には「イスラム国」と称する人たちが、敵国の民を人質にとって身代金を要求したり、ネットに処刑映像を流したりしていました。おぞましいことですが、彼らはまさに「善いことをしている」と考えているのです。この世で起こっている戦争をはじめ悲惨なできごとの背景には、かならず「善いことをする」という正義が見え隠れしていることを冷静に見てください。正義も復讐も、「正しいことをする」「私は正しい」という人間のプライドや信念が背景にあり、これほど恐ろしいものはないのです。罪のない子どもたちが爆弾で殺されても、「それは仕方がない」「我々は正しいことをした」と宣言する人間の姿を見るのです。

そして、これはアメリカやイスラム社会だけの問題ではありません。ひと昔前に日本は二度も世界大戦という戦争を選択しました。第二次世界大戦での、「神風特攻隊」という若い兵士の話が今も語り継がれています。二十歳そこそこの純粋な若者が、飛行機に爆弾を積んで、敵の戦艦に突っ込んで自爆したのです。「神風」という言葉に注意してください。「神さま」の名前まで使って、「善いことをしなさい」と洗脳し強要したのです。みなさんもぜひ機会があれば、『きけ　わだつみのこえ』という彼らの手記を読んでみてください。「善いことをする」「善いことができる」と考えていることの恐ろしさ、戦争が人間の考える「善いこと」「正義」の究極にあることが理解できると思います。戦争では、「悪と戦うこと」「敵を殺すこと」が善いこと、「たくさん人を殺せば英雄」となっているのです。

ブッダははるか二六〇〇年前に、人間のまちがった行為の根本原因は「思考」であると達観したのです。それは人間に「まちがった思考がある」というのではなく、「思考そのものに問題ありき」なのです。その思考の本質とは、あるがままのひとつのものを分断し分別することです。またそれは、「私の認識が事実である」「私の判断が正しい」というパターンで、「見たものはある」「見たからある」「聞いたのだからまちがいない」という、条件づけされた反応のことです。

「これはパソコン」「あれは携帯電話」「これは私」というように、瞬時に条件づけられて起こる思考の根本は、「AはB」「A＝B」という方程式になっています。このA＝Bという思考が、「私は正しい」という思考回路で、ほんらい成り立たない「妄想」だと説くのです。A＝Bはまちがいで、ほんらいはA＝A、B＝Bしか成立しません。これが「あるがまま」の世界で、「音は音」「光は光」「感覚は感覚」という、ただの「あるがまま」です。

しかし、人間というものは、「〇〇国は悪い国」「こいつは極悪人」と考えて、それを正しいと断定したら、相手を抹殺することに迷いがなくなってしまいます。私には現在八十二歳の優しい母親がいます。現代の私たちには信じがたいかもしれませんが、母は戦時中の娘時代に竹やり訓練をしていたそうです。竹やり訓練とは、尖った竹やりを用意して、「鬼畜米英」と唱えてアメリカ人とイギリス人を刺す訓練です。母親はそれが正しいことだと信じて、日本国民の義務として訓練に参加していたと言うのです。正義、思考の恐ろしさが少しは理解していただけたでしょうか。

思考は脳のなかで起こる現象で、生じては滅する作られたものであり、絶対的なものではありません。そもそも、そのような真実とは異なる不確かな思考で、人間が「善いこと」「正義」をしようとすれば、ロクなことがない、悲惨な結末になるのです。

少々極端な例で説明しましたが、まずは「善いことをするな」の意味の概略は理解していただけたでしょうか。

悪いことをするな

次に、まちがいなくブッダが説かれたことは、「悪いことをするな」ということです。これこそ、最も大切な仏教の善悪、基礎道徳なのです。「善いこと」は難しく複雑なのですが、「悪いこと」は誰にでも簡単に理解できるのです。ブッダの善悪の基礎は、「悪いことをしない」という単純なひと言に尽きるのです。ですから、先にお話ししました仏教の道徳はすべて、「悪いことをしない」という否定型で語られているのです。

再度確認しておきましょう。

一つ、生きとし生けるものを殺さない。　↓　不殺生
一つ、与えられていないものを取らない。↓　不偸盗
一つ、浮気、不倫はしない。　↓　不邪淫
一つ、嘘、いつわりを語らない。　↓　不妄語
一つ、酒や麻薬など智慧の妨げとなるものに近づかない。↓　不飲酒

これが「悪いことをしない」というブッダの善悪の基本です。この五つの項目さえ素直に正直に「こころのお守り」として守れば、よろずのまちがいは正すことができて、少なくとも「悪いこと」はしなくなります。

七仏通誡偈《しちぶつつうかいげ》

次に、お釈迦さまが説かれた善悪を、「七仏通誡偈」を解説しながら説きたいと思います。ご存じない方のために「七仏通誡偈」を説明します。日本の仏教には、たくさんの種類の経典があります。宗派によってはまったく読まないものや、内容が矛盾するものも存在します。しかし、どの宗派にも共通する経典もあり、とくにお釈迦さまが説かれた、最も古いパーリ語で存在する「原始経典」の部類は、各宗派の矛盾を越えたすばらしい内容のものが

多いです。「七仏通誡偈」もそのひとつで、「法句経一八三偈」として広く知られています。「偈《げ》」というのは、経典の一部をとった詩句「偈文《げもん》」のことです。「七仏通誡偈」とは、お釈迦さまを含め過去の七人のブッダが共通して説いた詩句という意味合いで、世界中の仏教のどの部派の僧侶も好んで読み、法話に使われています。

漢訳では、「**諸悪莫作《しょあくまくさ》 衆善奉行《しゅぜんぶぎょう》 自浄其意《じじょうごい》 是諸仏教《ぜしょぶっきょう》**」となります。

諸悪莫作　もろもろの悪いことをしない、
衆善奉行　もろもろの善いことをする、
自浄其意　こころを浄らかにする、
是諸仏教　これが諸仏の教えです。

このように訳して理解している方が、圧倒的に多いのですが、もとになっているパーリ語の経典から忠実に訳しますと、ずいぶんと違った解釈ができるのです。
まずは、もとのパーリ語を紹介いたします。

〈パーリ語〉

Sabba《サッバ》 pāpassa《パーパッサ》 akaraṇaṃ《アカラナン》
kusalassa《クサラッサ》 upasampadā《ウパサンパダー》
Sacitta《サチッタ》 pariyodapanaṃ《パリヨーダパナン》
etaṃ《エータン》 buddhāna《ブッダーナ》 sāsanaṃ《サーサナン》

すべての悪をなさないこと、
善にいたること（具足すること）、
自分のこころを浄らかにすること、
これがもろもろのブッダたちの教えです。

一行目のsabba（サッバ）は「すべての・いっさいの」で、漢訳経典によく使われる「一切《いっさい》」はこの「サッバ」の中国語訳です。pāpassa（パーパッサ）は、「悪いこと」という意味です。sabba pāpassa（サッバ・パーパッサ）で「すべての悪いこと」という意味になります。akaraṇaṃ（アカラナン）は「しないこと」という意味です。「**すべての悪をなさないこと**」と訳せます。

二行目のkusalassa（クサラッサ）は、「善いこと」という意味です。一行目の「悪」には「すべての」という言葉が付いていますが、この「善いこと」には付いていません。upasampadâ（ウパサンパダー）は、「具足・成就」という意味で、「行うこと」ではありません。「**善にいたること**」「**善を具足すること**」となります。「もろもろの善いことをしなさい」ではなく、「**善にいたる**」という意味です。

三行目は、sacitta（サチッタ）のsaは「自ら・自分」、citta（チッタ）は「こころ」で、「自分のこころ」。pariyodapanaṃ（パリヨーダパナン）は、「浄化・浄らかにすること」で、続けますと、**「自分のこころを浄らかにすること」**となります。

四行目のetaṃ（エータン）は「これは」。buddhâna（ブッダーナ）は「buddha」の複数形で、「仏たち・もろもろのブッダ・諸仏」。もろもろのブッダとは、お釈迦さまが現われるまでの過去のブッダをあわせた「七仏」という意味です。sāsanaṃ（サーサナン）は、「教え」。**「これがもろもろのブッダたちの教えです」**となります。

「七仏通誡偈」をパーリ語に忠実に訳しますと、

すべての悪をなさないこと、
善にいたること、
自分のこころを浄らかにすること、
これがもろもろのブッダたちの教えです。

長く説明しましたが、要点は、「善いことをする」のではなく、「悪いことをしない」なのです。お釈迦さまは「悪いことをしない、こころを浄らかにする」、そうすると自然に「善」が具足すると説いておられるのです。このことが、私がみなさんに伝えたかったことで、ブッダの道徳の基本です。「善いことをする」には危ない要素があるのです。そもそも、善悪の判定があやふやな者が「善をなす」ということが危険なのです。「正義」「自分たちは正しい」という考えが危険きわまりないのです。

「善いこと」「正しいこと」をしなくてもいいのだ、「悪いことをしない」をこころにとめておくだけでいいのだ、と素直に理解したら、とっても楽に生きられるはずです。「自分の考えはまちがっているかもしれない」と常に念じ、気づいている人が本当の仏教者なのです。

善悪の判定は、見た目ではわからない

次にブッダが説かれたことは、「善いこと、悪いこと」は見た目ではわからないということです。私たちは常に、人やできごとを判断評価するとき、見た目で判断してしまいます。しかし、見たこと、聞いたこと、表面にあらわれたものでは「善悪の判断はできないよ」ということです。簡単な例で整理してみましょう。たとえば「食べる」という単純な日常的な行為はどうでしょうか。「食べる」こと自体は善でも悪でもない、「どちらでもないこと」です。しかし、この単純な「食べる」という行為も悪行為、「悪いこと」になってしまう場合もあります。

善悪の判定はもとのこころで見る

ブッダはもとのこころに「欲」と「怒り」があるものが悪行為であると定義されています。すべての行為行動に通じる判断の基準です。もとのこころが「欲」と「怒り」で汚れ、浄らかでないなら、やった行為も悪行為という意味です。ですから、同じ「食べる」という日常的な行為でも、「欲ばって食べる」「人に与えず隠れて自分だけ食べる」とか、菜食主義や美食家など、自分の主義に固執して食するなら、それらは「欲で食べる」「怒りで食べる」ということで、悪行為となってしまうのです。この法則はたいへん重要な、人生を大きく左右する法則なので注意してください。もうひとつの例で説明します。

私の住んでいる地域では、燃えるごみの回収は月曜日と木曜日です。よくゴミ袋を持って指定の場所に運びます。ときどきカラスが食べ物を求めて、生ゴミを散らかしていることがあります。ひどいときは道路一面にゴミが散らかり、見るに忍びないこともあります。このようなできごとは日本国中のどこにでもあるでしょう。

さて、このような場面に出会ったとき、人のこころはどのように変化するでしょうか。「迷惑なカラスだ！」とまずカラスに怒りのこころを抱いて、次にゴミを見て、「ゴミの出し方がめちゃくちゃだ、紙オムツがあるからあの若夫婦のゴミだな！」などと思い、捨て方のマナーが悪いとか、いろいろな理由をつけて、ゴミを出した人に対しても、怒りのこころを生じさせる場合がけっこう多いのではないでしょうか。こういうとき、気づきがないと、自分が正しく、自分以外の者が悪者になるのです。そうして、せっかくゴミをかたづけるという行為をするにしても、こころのなかは怒りの炎が燃え上がっていることがしばしばです。

私はそういうときに、次のように実践するようにこころがけています。人間は自分勝手で、自分の子どもや孫の散らかした食器や食べ残しは「よく食べたねぇ」と喜んでかたづけられるのに、なぜカラスの食事の後始末は嫌がるのか。人間は日頃から、他の生命の住む場所を奪ったり殺したり、迷惑ばかりかけている。それなら、「私の人生のうちに何回かは、カラスの食事の後始末を喜んでしよう」と。そうして、徳を積む絶好のチャンスと考えるのです。本当にスッキリそういう気持ちになって、家に帰ってゴミ袋と竹ボウキを持参してゴミをかたづけようと決めたら、こころに「喜び」が生まれます。怒りや嫌な気分はなくなり、「少しは善いこともできたかなぁ」という爽やかなこころで、「カラスの食事の後かたづけ」ができます。

このように「散らかったゴミをかたづける」という表面の行為だけを見ても、善悪の判定はできないのです。もし、カラスを嫌い、「カラスは殺してしまえ！」と思い、「マナーが悪い人はここにゴミを置いてはいけない！」と考えて、怒りのエネルギーでゴミの始末をしたら、その行為は残念ながら、もとのこころが「怒り」なので悪行為となってしまいます。周囲にも結果的には善い影響はあらわれません。反対に、他の生命に対する慈しみのこころで、自分にとっても他の生命にとっても迷惑にならない「喜び」と、軽やかな遊びごころでゴミをかたづけるなら、それは善行為となるのです。このように見た目の行為行動だけでは、「善悪」の判定は難しいのです。しかし、もとのこころにはその明暗がハッキリあらわれていて、そのこころが周囲へ本質的な影響を与え、徐々に現象化して、善悪の結果が人柄や人相、家庭や地域社会にまであらわれてくるのです。

ブッダの説いた、「善いこと」と「悪いこと」

ブッダは法句経で「善いこと」と「悪いこと」を次のように説いています。「善いこととは、自分がその行為をして喜び、他の生命も喜び、そして後悔しないこと」「悪いこととは、自分が喜んで行為をしても、他の生命の迷惑になり、後悔すること」と説いています。

善人と悪人

次に、善人と悪人について考えてみましょう。自分という人間をどう見るのかという大切な問題です。まず、単刀直入に尋ねます。「あなたは、善人ですか、悪人ですか?」

さて、返答に困られるでしょう。しかし、こころのなかでは、よほどの犯罪者でもないかぎり、「自分は悪人ではない。社会のルールも守り、ゴミの出し方も守り、税金を納めて小市民として地味に生きている。私は少なくともプチ善人くらいかなぁ」と考える人が多いのではないでしょうか。「私は善人です」と声に出しては言いづらいかもしれませんが、内心はけっこう多くの人が、自分を善人と思っているはずです。

自分を善人と思っている人はよく腹を立てる

自分を善人と思っている人の特徴は、よく腹を立てることです。自分は正しいことをしていると思っているので、こころが善悪の二極に分裂しているのです。「あれはまちがっている」「あの言葉は許せん」「あいつの行為は許さん」などと、よく人の言動を批判する人は、自身のこころに「私は正しい」「私には正しい判断ができる」という考えがあります。その「私は正しい」というのが、自分を善人と思っている人の思考です。

人間としての私の立ち位置

さて、何度もお話ししましたが、もう一度地球のうえでの人間の姿を見てみましょう。あなたが人間の世界会議で日本代表としてしゃべるのは、そう難しくないと思います。日本の国の美徳について語れば、他国の人は美しい国として聞いてくれるだろうとも想像できます。しかし、すべての動物の世界会議で、あなたが人間の代表として出席したら、どのような目に遭うでしょうか。シマウマがライオンに、「あなたは私の子どもを殺して食べた」と訴えても、ライオンが「それを食べないと私も私の子どもも飢えるので、仕方がありませんでした」と謝罪すれば、聞いている他の生命も納得すると思います。

しかし、人間のしていることはどうでしょうか。自分の欲望のために、必要以上に他の生き物の命を大量に奪い、他の生命の居住する環境まで破壊し、言い訳ができないのです。地球に生きる生命のひとつとしての人間は、まちがいなく悪玉で、地球そのものを破壊しかねません。人間はすべての生命のなかで、いちばんの嫌われ者です。

悪いカラスはいない

次に、他の生命と人間の違いを見てみましょう。人間以外の生命には、悪いカラスとか、悪いウマや、悪いサメも、悪いヘビも存在しません。人間以外の生命には、そもそも「善悪」そのものがないのです。善いこともしないし、悪いこともしないのです。人間以外の生命に対して、善悪の判定はいっさい無効です。他の生命に対して、人間の見方や都合で善悪を押しつけることはできないのです。害虫益虫などという言葉も、人間の勝手な見方にすぎないので、事実だと勘違いするのは危険です。

さて、人間はどうでしょうか。人間には、「悪い人間」と「善い人間」がまちがいなく存在します。月とスッポンほどの違いが、一人ひとりの人間のあいだにはあるのです。他のあらゆる生命は善い悪いがなく、同じ水平線上に存在するのですが、人間だけは違います。人間は垂直方向に天と地ほど、善い人間と悪い人間の差があるのです。嘘をつき、与えられていない物を盗み、人を殺すような凶悪で最低の悪人罪人が、人間の仲間には存在します。このような人間は、カビやウィルスよりも迷惑きまわりない悪玉です。そうかと思えば、お釈迦さまやマザーテレサさんのように、品格を持った最上級の善人、聖人が、同じ人間として存在します。幸運にも人間としての生命をこの世で得られたなら、生まれたときはみんな同等だとしても、その後の生き方で、こころはどこまでも成長し続ける可能性を持っているのです。これは人間にだけ与えられたチャンスで、生命としての品格を成長させ、完成完結させることができるのです。

悪人の自覚

さて、そういう人間としての私の原点を理解したら、私が「善い生き物」つまり「善人だ」などとどうてい言えないことが見えてくるはずです。日本仏教の歴史を見ても、立派な宗祖と呼ばれている人たちでさえ、「私は悪人です」と言いきっているのです。法然の弟子の親鸞が、「私はどの道を進んでも、まちがいなく三途、地獄・餓鬼・畜生に堕ちるより選択の余地のない身です。たとえ、師の法然にだまされて念仏の道を歩み、地獄に堕ちても後悔することはありません」というような信心の告白をしています。このような言葉を通じても、親鸞が自身を悪人と見ていたことは明らかです。また、師の法然も「人は昼も夜も四六時中、いついかなる場合も、一瞬たりとも、怒り・貪欲・無智から抜け出せないでいるものなのです。ただむやみやたらに、三途に堕ちたり、八難の境涯に生まれる行いを重ねているのです。ある経文には『人は一日のあいだに、八億四千もの思いが起こり、その一つ一つがみな、三途に堕ちる行いである』と説かれています」と法語のなかで語っています。

これらの言葉から、法然も、親鸞も、自身を愚者悪人と見て、このままでは地獄行きが決定の身だと自覚されていたという人間観が読みとれます。

さて、このような立派な祖師・上人・聖人と呼ばれる人が、自分を悪人と自覚されていて、私たちが自分を善人と思っているのは、どこか可笑しく滑稽ですね。

悪人の救い

「わが身を救いようのない悪人だ」と気づきなさいと言えば、まだ抵抗のある人がいるかもしれません。ところが、ブッダの言葉にとてもすばらしい救いがあります。ブッダの言葉を借りて、ここで改めて善人と悪人の定義をしてみましょう。

★悪人とは、「自分が悪人なのに、自分を善人だと思っている人」。
☆善人とは、「自分をこころの底から救いようのない悪人だと認めた人」。

仏教で言う善人とは「自分をすっかり悪人と認めた人」のことで、仏教で言う悪人とは「本当は悪人なのに、自分を善人だと思っている人」のことなのです。ですから、自分を「プチ善人」と思っている人の正体は、「プチ悪人」という結論になります。この法則はまことに絶妙な真理だと思います。もう一度自身の立ち所を確認して、「プチ悪人」で人生を終わらないように、十分注意してほしいのです。なぜなら、「プチ悪人」の行く末は、「プチ極楽」ではないのです。プチ悪人の行く末は三途以外にないと、祖師たちが何度も法語のなかで警告してくれているのです。今、自分の人間観・人生観の見直し、愚者・悪人の自覚が必要なのです。

悪人が善人になることができるのか

悪人が善人になることができるのでしょうか？　どうか即答せずに、質問の深奥を自身に問いかけてください。ごくふつうに考えたら、「努力すれば、汚れたこころの者でも浄らかになる」と考えると思います。しかし、もしあなたのこころが汚れていて、そのまま自分のこころを浄らかにしようと努力するなら、その努力はいっそうこころを汚してしまいます。なぜなら、悪人の考える善人は、善人ではないからです。汚れた手で食器をふけば、ふけばふくほど食器は汚れることになります。

ここで大切なことは、何ものかになろうと努力したりせず、こころの汚れを浄らかにしようと努力したりせず、自分のこころが汚れていることに気づき、その汚れをありのままに見ることです。自分は食事をするときガツガツと食べる。使用人や店員はぞんざいにあしらう。日々の人に対する粗雑で傲慢な態度。車を運転するときの自己中心的な態度。下劣でよこしまなことばかり考える。他の生命に対して思いやりがない。そういった姿をありのままに見るのです。悪人である私たちに大切なことは、賢くなろう、善い人になろうと努力するのではなく、自分の愚かさを知り、悪人である自分の姿をありのままに観察することなのです。「愚者の自覚」「悪人の自覚」というのは、努力してひとかどの人間になろうとか、賢くなろうとして、愚かさに磨きをかけるのではなく、どこまでも自分の愚者・悪人としての姿をありのままに見ることなのです。

私という我のある存在は、どこまで行っても、愚者であり悪人です。そうして、本当に自分の愚かさと悪人ぶりをありのままに見て、ありのままに理解したなら、つまり、日頃の自分の姿、隣人、店員、貧しい人、お金持ち…をどのように見て、どのような態度で接しているのか、小さな生き物に対していかに無慈悲な行為をしているのかを、ありのままに理解したら、そのときにその「ありのままの気づき」だけが、「愚かさ」と「悪」を終わらせることができるのです。これが、ブッダの説かれた、ただありのままを見て、苦しみを滅する法なのです。

愚者と念仏

法然上人が説かれた他力の口称念仏の法門も、自身が救われようのない愚者であるという自覚が出発点です。言葉を換えれば、私の行き先は極楽ではなく地獄行きが決定しているという深い自覚です。地獄よりほかに行き場のない自身をありのままに見て、高飛車に人に教えることもなく、期待することもなく、ただ南無阿弥陀仏と唱える人がいれば、その人のこころは平安で、もはや愚者の域にはないと思います。極楽に往生することがあるというなら、このようなこころを育てた他力の念仏者が往生を遂げるのではないでしょうか。

悪の反対が善ではない

ふつうに考えたら、悪の反対が善で、善と悪は対極にある二つのものと考えがちです。しかし、ブッダの教えは、このような二極に分けるものの見方ではありません。そもそも、私たちは無意識に悪に対立するものを善としています。しかし、人間の介在しない自然界をありのままに見てください。そこには善悪はないのです。人間の思考のなかにのみ善悪があるのです。あるがままのものを善と悪の二極に分けること自体が、すべての問題の根本原因と言えるのです。

ブッダが「もろもろの悪いことをしない。これを実践すれば善にいたる」と説いたのには深い真実があるのです。「善いことをしよう！」というエネルギーで活動する人は、世のなかを平和にすることなく、かえって世界を掻き乱す結果になる場合が多いのです。現在の人間社会の姿がそれを如実に物語っています。善には何の動機も必要ありません。善は悪に対立するものではなく、ただ善なのです。努力していたるものではないのです。

こころの静寂を知るのに、混乱や汚濁を知る必要があるでしょうか？　優しさや慈しみのこころを育てるために、怒りや憎しみを経験する必要があるでしょうか？　平和を勝ち取るために、仕方なく戦争をするのだという考え方はまちがいなのです。私のこころに静けさがあり、注意深くあるときには、善悪は存在しません。

法句経よりブッダの言葉を贈ります

「愚か者が、自分が愚かであると知れば、それによって彼は賢者となる。しかし愚か者が自分を賢者と思うなら、彼はまさに愚か者と呼ばれる」　六三

「道徳を守らず、こころの静寂を知らずに百年生きるより、道徳のある冥想者の一日のほうが勝っている」　一一〇

「他人の過ちではなく、他人のしたこととしなかったことではなく、自分のしたこととしなかったことを、智慧の眼で観察するがよい」　五〇

善悪のまとめ

・日常では些細なことに気をつけましょう。わずかなことでも後悔するような行動はやめましょう。もし「悪いことがしたいなぁ」と思ったら、またいずれそのうちにしようと、そういうこころをまともに相手にしないようにします。善いことは「今ここ」でやりましょう。

・結果を期待して善いことはできません。善いことは過程も楽しく、善いことで始まり、結果も、自然に善くなります。

・善いことをする目的は、「善いことをする」ではなく、こころが浄らかで安らかになることです。こころが浄らかになれば、それは善いことです。これには害はありません。
・悪いことをすれば、この世でも苦しみ、あの世でも苦しみます。

私たちは頭では善に寄与するように心がけていても、それ以上に悪に加担しているのが現実ではないでしょうか。地球上の他の生命の生きる場所や権利を奪い、地球を汚すことを悪とするなら、私たちの生活はひたすら悪に加担したものと言えるかもしれません。深く考えれば、ひとりの犯罪者をつくるのに加担しているのも私たち一人ひとりで、それが社会動物としての人間の姿ではないでしょうか。

重ねて申します。善悪は本当にあるのでしょうか？　善悪があるのは人間の世界だけのようです。海の魚の世界にも、陸の野生動物の世界にも、善悪はないように思います。善と悪にしても、美と醜にしても、二極の相対する世界は人間特有のものなのでしょうか。本当に大切なのは、善悪の原因を知り、善悪に対するとらわれを捨て、相対立する世界から離れて、こころを自由にすることから始まるように思います。

軒で餌をついばむスズメのように、まずは善にも悪にも寄与しない、こころの自由を始まりにするべきではないでしょうか。

第六章　「愛」について

「愛」について考えてみましょう。日本人は「愛」という漢字が好きですね。小学校の名簿を見たら、一クラスにひとりの確率で、女の子の名前に「愛」が使われていました。英語では、LOVEでしょうか。これもみんなに好かれている言葉です。

ちょっと頭の体操クイズです。

・次の漢字を「愛」と組み合わせて、二文字の熟語を作ってください。

情　恋　性　貪　欲　執　染　渇

答えは次のとおりです。　愛情　恋愛　性愛　貪愛　愛欲　愛執　愛染　渇愛

はじめの三つは、仏教用語ではありませんが、それ以外はいずれも仏教用語です。簡単に説明します。

性愛　→　本能に基づく性的な愛情。
貪愛　→　むやみに欲しがる。貪る愛。
愛欲　→　性的な愛を欲すること。執着。
愛執　→　愛するものにこころがとらわれ離れないこと。
愛染　→　愛欲に染まること。愛欲の激しさをあらわす言葉。
渇愛　→　渇き。パーリ語で「タンハー」と呼ぶ根本の煩悩。単に「愛」とも訳される。

人間の苦悩の根源「愛」＝「渇愛」

なんだか読んでいるだけでも、気分が悪くなるような単語が多いですね。「愛」という言葉は、俗世間ではよい言葉、好まれる言葉になっているのですが、じつは仏教の世界ではあべこべで、あまりよい意味はないのです。もろもろの苦しみの根源として「愛」という言葉を使っています。そのいちばんのルーツとなっているのが、パーリ語のtaṇhā「タンハー」で、この言葉が中国で漢字に訳されて、「渇愛」となりました。「愛欲」や単に「愛」と訳される場合もあります。生命の根本にある「生きていたい衝動」「生存欲」と考えてください。

愛に種類があるのか？

どうやら「愛」という言葉は、「聖」と「邪」の二つの世界につながっているようですね。キリスト教のことはよく知りませんが、愛を分類して説明しています。

「エロス」　↓　本能の愛。これは性愛や性欲のことでしょうか。
「アガペー」　↓　神の愛。真実の愛。

そのほかにも、「隣人愛」とか「家族愛」なども説かれているようです。

愛という感情について

さて、「愛」の真相はどうなっているのでしょうか？　まず、両親が子どもの名前に「愛」という漢字をつけたがるのは、文字通り「愛児」であり、「愛する」ということが大切ですてきで、すばらしいことだと思っているからだと考えられます。そもそも私たちがこの世でいちばん大切にしているものに「家族」があります。自分の命の次に大切なものは家族、と言う人も多いのではないでしょうか。その家族の原点がまさしく、愛という感情から始まっています。二人の男女が存在して、愛し合い、本能の愛も恋愛も性愛も絡み、結果として家族が誕生するのでしょう。愛という感情がすべての始まりで、生命の原点が「愛」と考えているのでしょう。「愛」が無条件にすばらしいと言うのは、このような背景があるからだと思います。さらに言えば、この「愛する」ことがすばらしいというのは、「生きることはすばらしい」という考え方に根底でつながっているように思います。

感情の問題

ところが、仏教から見れば、この「愛する」という感情と行為を野放しに「よし」とすることは、絶対にないのです。賛成できないのです。根本においては、「生きることはすばらしい」という考え方にも賛成できません。そもそも、仏教では「感情」そのもののことを「煩悩」と呼び、良いものとは見ていません。

さて、人間の社会を冷静に見てみましょう。人間の社会に起こる犯罪のすべての根本原因は、つまるところ「愛」と「お金」、この二つが原因で起こると言われています。ストーカー事件、DV事件、家族を殺したとか、愛情を失いそうになったために愛する人を殺した、などの事件は後を絶ちません。「愛する」という感情が、「支配する」「憎む」「攻撃する」という感情に変化する性質のものなら、たいへん危険である、ということは誰でも理解できると思います。

愛の原点は「好き」と「嫌い」の感情なのか？

それでは仏教の世界で、「愛」をどう見ているのか、順を追って整理してみましょう。「愛」の前に「好き」「嫌い」というもっと単純な感情があります。「愛」は、この「好き」の感情が最初にあって変容したものと考えることができます。そもそも人間が何かの対象物に触れて感覚が生じたときに、その感覚に対してかならず「好き」「嫌い」「どちらでもない」の三種類の感情が生じると言われています。

春になってウグイスが鳴いて、そのさえずりを聞いたら、「美しいなぁ」という反応が起こります。花を見たときなども、「美しいなぁ」と我を忘れて眺めることがあります。これらは対象に触れて感覚が生じ、その感覚に「好き」という感情が生まれたということです。反対に、間近で鳴りひびく踏切の音や、ダンプカーのクラクションに触れて生じる感覚は心地悪く、「嫌い」という感情を生じさせます。耳をすましてわずかに聞こえる街の喧騒や、風の音などは、ふだんは触れていても気づきませんし、気づいても「好き」「嫌い」という強い反応は生じません。これは「どちらでもない」という一種の感情だと、今のところは理解してください。

人間のこころに生じる三つの基本の感情

・好ましい対象に触れると、「好き」という感情が生じます。
・好ましくない対象に触れると、「嫌い」という感情が生じます。
・どちらでもない対象に触れると、「どちらでもない」気づきにくい感覚が生じます。

これらには、論理的な理由はありません。すでにインプットされた感性から、反射的に起こる反応の感情です。さらに仏教では、好ましい対象に触れて、「好き」という感情が生じると、「快」「もっと触れたい」という『欲』が生まれると言います。好ましくない対象に触れて、「嫌い」という感情が生じると、「不快」「触れたくない」という『怒り』が生まれると言います。どちらでもない対象に触れると、感覚はあっても「認識しない」ので、その状態を『無智』と呼んでいます。

・「好きな対象」に触れたら　↓　『欲』
・「嫌いな対象」に触れたら　↓　『怒り』
・「どちらでもない対象」に触れたら　↓　『無智』が生じます。

結局起こるのは、「欲」と「怒り」と「無智」の三つの感情で、これを三大煩悩というのです。このような説明を聞いても簡単には納得がいかないと思いますが、私たちは毎日毎日、今この瞬間も対象に触れて、常にこの「好き・快」「嫌い・不快」「どちらでもない・無関心」↓「欲」「怒り」「無智」の感覚世界に住んでいることはまぎれもない事実です。

本題の「愛」に戻りましょう。

愛は、好きなモノとの関係ではないですか？

私たちが日常的に使っている「愛」という言葉や「愛する」というこころの動きは、まず「私と好きなモノとの関係」ではないでしょうか。好きな人、好きな物、好きな服、好きな生き物、愛車・愛犬・愛人…。「愛する」のは、好きなモノばかりでしょう。これがじつは大きな問題なのです。「好き」という感情には、その反対の「嫌い」がかならず付き添います。私たちがふだん使う「愛」「愛する」という言葉の中身は、絶対的なものではなく、相対的で、「愛さない・嫌う」対象が付随します。それは、こころが二極に分裂しているということです。「愛国心」を語る人のこころには、かならず「敵国」が存在し、こころが「愛」と「憎しみ」の二極に分裂しています。大恋愛で結婚したカップルが、あっという間に離婚訴訟や親権調停の泥沼に入り、愛が憎しみに変化する姿は、いつの時代にもある哀れな話です。

このように私たちの好きな「愛」は、簡単に「憎しみ」にすら姿を変える質のものだと、その本質をよく見てください。私たちの好きな「愛」は、マザーテレサさんの「愛」とは質の異なる、相対的な「愛」であることを知らなければなりません。

分裂した愛

そもそも、中学生も愛を語り、熟年も、浮気者も、犯罪者も、ストーカーも、独裁者も、みんな愛を語るのです。彼らの語る「愛」は、みな「私と好きなモノとの関係」のことで、こころのなかには、「嫌い」や「憎しみ」が内在する「分裂した愛」なのです。それらは条件しだいで憎しみにも暴力にも変化する、「真実の愛」とはほど遠い、危険な要素を含んだものなのではないでしょうか。そういう意味では、「好き」と「嫌い」、「愛」と「憎しみ」はコインの裏表、表裏一体で、あらわれ方こそ違え、本質は同じという見方もできるのです。

仏教で説く愛

このように考えると、「愛」という言葉は一文字ですが、いろいろな概念が混入しています。私はここで、「愛」という言葉や漢字に文句をつけようと言うわけではありません。不純で人間の幸福とはほど遠い要素まで、「愛」という言葉に含まれていて、そのすべてを肯定することが危険なので、その本質を見きわめるために、「愛」について一緒に考えようとしています。

原点に返って、「愛」についてもう一度考えてみましょう。学生の頃、クラスの半分は異性でした。その異性のなかで特別な人が現われました。正確には現われたというより、自分の感情と意志で、特別な対象を作ったのです。その異性の姿やしぐさが愛しく、その感情を「恋」と呼ぶのでしょう。この「キュン」とする感情から「愛」が生まれるのでしょうか？それは「楽」なのか「苦」なのかどちらでしょうか？　あなたがその異性に自分の愛を告白して、受け入れられたら「楽」と感じるかもしれません。受け入れられなかったら、「苦」と感じるのかもしれません。しかし、仮に受け入れられても、何かの事情でその後、その異性を失う事態が生じたら、それは「苦」ということになるでしょう。

不思議なことに、人は成長して、愛を経験して家族を持ったときに、それまで経験したこともない、とんでもない「苦しみ」を経験することがあります。その「苦しみ」は青少年期の苦悩とは比較にならないほど深刻です。理由はともかく、「愛したモノ」が壊れていく苦しみです。人間は、地球の裏側で死んだ多くの人のことで苦しむことはありません。相手を思いやる優しさで苦しむこともありません。人間がとことん苦しむのは、自分の執着した対象や関係が変化し壊れていくときです。人間の苦しみは実に「愛」から生じるのです。

「愛」から「苦しみ」が生じる

「愛」から「苦しみ」が生じている事実を、しっかり見る必要があります。それを「当たり前のことだ」としないでください。なぜに「愛」から苦しみが生じるのかを、ありのままに見るのです。ここで、ひとつブッダの言葉をお贈りします。スッタニパータという初期仏教経典の「犀の角の経」のなかの一偈です。

「異性との交わりが生じた者には、もろもろの愛執がある。愛執によって苦しみが生じる。愛から生じるこの危険をありのままに見て、犀の角のように独り歩め」三六

結論から申しますと、「愛する」ということは、「執着する」ことと言えます。「彼を愛する」とは、「彼に執着する」と言い換えられます。そして、その「執着」から「苦しみ」が生じます。人を愛する、恋愛感情を持つことを「悪」とは言いませんが、たくさんいる異性から、特別なものを選び、対象に価値を入れ、特殊な意味づけをして、感情を何度も何度も募らせる。この作用を「愛」と呼んでいるのでしょうか。そして、その感情を何度も味わいたい、つまり「見たい」「触れたい」という欲求が高まり、自分のモノにしたい、手に入れたい、このような一連の衝動を「恋愛」と呼ぶのでしょうか。それゆえにブッダは、「愛」

の本質を、「渇き・愛執・執着」と説いたのです。愛の本質は、対象に自分勝手に価値を入れ、それを支配しようとするエネルギーなのかもしれません。

この、こころに起こる作用の最初から最後まで一部始終を、ブッダは静かに見なさいと説いています。それでは、あなたがあなたの恋人を、伴侶をこころの底から愛し、かつまた、執着はしないという「愛」は可能でしょうか？　私は、それは可能だと考えています。美しいものに触れて、美しいと思うな、という考えには無理があります。しかし、美しいものに触れて、美しいと見て、それで終わりという世界もあります。「愛」と呼ぶ真なるもの、純粋なるものは存在し、対象への「執着」を捨てる道は別に開かれています。この真理を知って、犀の角のようにただ独り歩めというのが、ブッダの説く真実の愛の世界ではないでしょうか。

「愛」と「慈しみ」

仏教では、まったく害のない「愛」として、「慈しみ」を説いています。愛が「私と好きなモノとの関係」だったのに対して、慈しみは「私とすべての生命との関係」です。むしろ、「私と私の嫌いなモノとの関係」にその全容があらわれると思います。もし、あなたが蚊やハエやゴキブリなどの生命に対して、「嫌い」という感情を持ち、「そんな生き物は殺してしまえ」という考え方で生きているなら、あなたの愛はひとりよがりなものです。

「愛」にはその対極にあるものとして、「憎しみ」があります。
「愛」と「嫉妬」、これらは同質で根本は同じ執着のエネルギーです。
「愛」にはその根本に、すでに二極の分裂と葛藤があります。
「慈しみ」は「慈しみ」が有るか無いかだけで、対極のものは存在しません。
「慈しみ」には、差別も対象への価値入れもありません。

マザーテレサさんが、路上で苦しんでいる人に手を差し伸べるときに、好みの人とか好みでないとか、相手がヒンズー教徒かキリスト教徒かといった区別はないでしょうし、ただひたすら降り注ぐ太陽の光のように、その慈しみの光が注がれたからこそ、相手に光として届いたのだと思います。別の章で「ブッダの慈しみ」については詳しく説きたいと思います。

若い世代のあなたへ
―これから恋愛を経験して、結婚し、人生を歩もうとしているあなたへ―

「愛」は人生において最上のものかもしれませんが、愛には危険があることを知っておいてください。誰と出会い、誰と恋愛し、誰と結婚するかで、寿命まで決定します。ブッダが「犀の角のように、ただ独り歩め」と説いた真意をこころにとどめておいてください。

第七章　ブッダの慈しみ　四無量心《しむりょうしん》

ブッダの説かれた「慈悲」「慈しみ」について説きたいと思います。先に「愛」についてお話ししました。仏教では純粋でいっさい弊害のない「感情」のことを、「慈悲」「慈しみ」としています。

初期仏教のパーリ語原典で、「慈悲」のことを「メッター」mettā と言っています。漢訳されて、「慈」「慈悲」という言葉になりました。

「四無量心」catu-appamaññā-citta（チャトゥ・アッパマンニャー・チッタ）という、慈悲を理解するのに重要な言葉があります。慈悲を構成する四種類の感情のことで、「慈・悲・喜・捨」です。この四つは仏教で説く善い感情と理解してください。それでは順に、ブッダの慈しみ、すなわち四無量心を説明します。「慈悲喜捨」は順番にも意味があり、身近で実践しやすい順番になっているそうです。

①「**慈**」　mettā　メッター　慈しみ　友情　敵対心の反対　**怒りの解毒剤**

一番目は「慈」メッターです。簡単に言うなら友情のことです。異性を愛したら、それが嫉妬や憎しみなど「悩み・苦しみ」に変わることがあります。しかし、友情は友情のままで壊れることはありません。あなたのいちばん仲のよい友だちを思い出してください。その友だちには深い思い入れや執着はないと思います。気楽でお互いに依存がなく、家に遊びに来ても、特別扱いをする必要もありません。相手に期待することも、求めるものもない、自由で気を使うことのない間柄なのです。このような、求めることがなく、一方通行の爽やかで軽くて明るい、友情に似た感情を、「慈」メッターと呼んでいます。

この「慈しみ」のこころを友だちだけでなく、すべての生命に対して育てるのが「慈」メッターの実践です。慈しみのこころを育てて、いっさいの生命に対して「慈しみ」を感じるところまで、こころを成長させるのです。お釈迦さまは、人間だけでなくすべての生命に対してこの慈しみのこころを育てれば、その人は梵天（神）より優れた能力が身につくとおっしゃいました。運命が幸福へとそくざに好転するこころの波動なのです。

想像してみてください。あなたが八十年の生涯を生きるとして、あなたが出会うたくさんの人やさまざまな生命に対して、「嫌い」「こいつは悪い」「いなくなればいい」と考えて無数の敵をつくるのと、どんな人に会っても、どんな生命に出会っても、その生命に対して、同じ地球に生きている仲間なのだと理解して、敬意の念「慈しみ」のこころを育てる人との違いを。八十年の生涯を生きたら、前者は嫌いなものと敵だらけの、つらい人生になってしまいます。慈しみのこころを育てた人は、すべての人間が友だちです。すべての生命が仲間です。向かうところ敵なしの、豊かな徳のある人生になりうるのです。

人間はこころに悩み苦しみがあるときに、壁やペットに向かって話しても、こころは癒されません。人間に話を聴いてもらって初めてこころが癒されるのです。すべての出会う人に対して、メッターのこころを育てて、話し合い理解できる仲間を努力なくつくりましょう。そうしてその慈しみのこころを、すべての生命へと無限に広げていくのです。

「生きとし生けるものが幸せでありますように」

②「**悲**」 karunâ カルナー 抜苦《ばっく》 優しさ 哀《あわ》れみ 憐愍《れんびん》の情 **悩み憂いの解毒剤**

二番目は「悲」カルナーです。苦しみを除くという意味で、「抜苦」とか「哀れみ」と訳されています。苦しんでいる人、悩んでいる人の苦しみをなくしてあげたいという優しさ、助けてあげるこころのことです。差別なく、えり好みなく、困っている生命に対して、救いの手を差し伸べるこころです。

私は小学生の頃、雨の日の帰り道、橋のたもとでずぶ濡れになって泣いている子猫を家に連れ帰ったことがあります。よく見たら眼球がなかったのです。泣いて助けを求める姿が哀れで見ていられなくなりました。きっとあなたにも似た経験があることでしょう。大人になるにつれて、あのような純粋なこころを捨ててしまった気がしますが、あのようなこころが、カルナー「悲」と言ってもまちがいないと思います。

「悲」カルナーの実践では、『死を待つ人々の家』の活動で有名なマザーテレサさんの人生が、その最もすばらしい模範になると思います。彼女は、飢えた人、裸の人、家のない人、体の不自由な人、病気の人、必要とされない人、愛されない人、誰からも世話されない人、このような恵まれない人々に対して、救いの手を差し伸ばす活動をされました。一九七九年にノーベル賞を受賞して、その授賞式には木綿のサリーとサンダルを履いて出席し、「式の後の私のための晩餐会は不要です。そのお金で貧しい人に食べ物を与えてあげてください」と語ったそうです。賞金の二十万ドルについては、「このお金でパンはいくつ買えますか？」と尋ねられたそうです。また、「世界平和のために私たちは何をすればよいのか？」と尋ねた女性の記者に対して、「あなたは家に帰って家族を愛してあげなさい」と語ったそうです。

そもそも、彼女のこういった活動は、キリスト教の布教とか、信者を増やすことなどとは、まったく関係がなかったと思います。純粋で害のない「悲」カルナーの実践をする、謙虚で誠実で優しい、人間らしい人だったのでしょう。

また、彼女は次のような言葉を残しています。

・人は利己的で、社会は不条理です。
・私たちは、大きいことはできません。小さなことを大きな愛を持って行うだけです。
・導いてくれる人を待っていてはいけません。あなたが導いていくのです。
・いかにいい仕事をしたかよりも、どれだけ心を込めたかです。
・所有すればするほど、とらわれてしまいます。より少なく所有すれば、より自由です。
・今この瞬間幸せでいること、それで十分です。その瞬間が、私たちの求めているものすべてであり、ほかには何もいらないのです。

「生きとし生けるものの　悩み苦しみがなくなりますように」

〈四無量心の「無量」の意味すること〉

マザーテレサさんのような聖者とまで呼ばれる人の「慈しみ」のこころの広さを一〇〇%と考えたら、私たちのこころの広さはどのくらいになるのでしょうか？　恥ずかしいですが、私の「慈悲のこころ」は限りなく0に近いと思います。私の想像ですが、マザーテレサさんも、天才としてこの世に生まれたのではないと思います。東ヨーロッパのルーマニアで生まれた純粋な少女であったと聞いています。彼女は自分の意志で、こころを無限大にまで成長させたのでしょう。だからこそ、彼女の功績は宗教の違いを越えて、私たちのこころにまで届くのでしょう。

私たちには、落ち込んでいる暇はありません。ブッダの言葉によれば、慈しみのこころはもともと人間に具わったものではありません。人間はみな等しく「慈しみゼロ」からスタートするというのです。しかし、「慈しみのこころ」はその人の意志と行為しだいで、無限大にまで育てることが可能と説かれています。ですから、「無量心」と名づけられたのでしょう。

いつでも、ゼロから、今から出発して、やれることをやればよいのです。マザーテレサさんの残された言葉には、彼女のその慈しみのメッセージが明確にあらわれていると思います。

③「喜《き》」　muditā　ムディター　「喜び」のこころ　嫉妬の抗体　鬱《うつ》の対処法

三番目は「喜び」ムディターです。ここで言う「喜び」とは、**「他の喜びが自分の喜びとなり、自分の喜びが他の喜びとなるこころ」**と理解してください。

兄弟や友達など身近な人であっても、他者の幸せや成功を誰もが素直に喜べるかというとそうでもありません。人間には嫉妬という、ほかの人の成功を素直に認めて喜ぶことができないこころがごく日常的に生じてしまいます。

そうでなくても、現代人はまさしく「喜び欠乏症」です。「喜び」というと軽く聞こえるかもしれませんが、これはブッダが説かれた、とても大切な「こころを育てる」実践です。豊かな人間性を育て、人格の完成にいたるには不可欠な、仏道修業の王道なのです。

まず、当たり前のことを「喜ぶ」ことです。「生命を喜ぶ」といった感じです。今、生きていること、昨日も寝る場所があり、今朝も食事ができたなら、そのことを喜ぶのです。現在の日本には、便利で豊かな生活が当たり前のようにあります。それなのになんとしたことでしょうか。その目の前の豊かさを喜んでいる人が、どれほどいるでしょう。七十年前に終戦を迎えた頃、寝る家があり、白いご飯が食べられて、仕事や家族がある、そんな当たり前の幸せをどれほど多くの日本人が、こころの底から望んだことでしょうか。その願いはすべて、今、目の前にあります。それなのにどうしたことか、「喜び」がないのです。

これは「欲」から生じる明らかな精神病です。小さな子どもが、自分で靴が履けた、紐が結べた、と喜ぶように、じょうずに目玉焼きが焼けたら喜び、じょうずにコーヒーが入れられたら、それを喜ぶのです。この小さな「喜び」を喜ぶことができる。そのことがとても大切なのです。それが今を生きるという、ブッダの最終境地にまでいたる道程なのです。

考えてみてください。このような小さな喜びでも、「喜び」があなたのこころにあるときに、怒りや嫉妬が起こるでしょうか？　じつに単純な真実ですが、こころに「喜び」があるときには、「怒り」「嫉妬」など、不幸のもとになる悪い感情は決して起こらないのです。

日頃、イライラしたり、損得勘定をしたり、「やらされる」「待たされる」などの怒りの感情をこころに生滅させている人は、こころに「喜び」がゼロの深刻な「喜び欠乏症」なのです。もう一度、自分はひとつの生命であること、自分は特別な何者でもないこと、生命はみんな平等であること、という当たり前の原点に戻るのです。そうして、目の前にあるありのままの事実を「喜ぶ」こころを育てるのです。これがブッダの説かれた「喜びの冥想」なのです。この喜びの冥想を実践すれば、「他の喜びが自分の喜びとなり、自分の喜びが他の喜びとなる心境」もそう遠くはないでしょう。

「生きとし生けるものの　願いごとがかなえられますように」

④**「捨」**　upekkhā　ウペッカー　平等な心　差別なし　冷静　**まず落ち着く**
差別のない広々とした平等な心　個からの脱却　いっさいの生命を差別しない

四番目、最後は「捨《しゃ》」ウペッカーです。これは、ブッダの悟りのこころに近いものなので、簡単に説明することはできません。善と悪、光と闇、喜びと苦しみ、自己と他者…といった二極の対立がない、何かになることもない世界のことです。あえて簡単に説明するなら、「平等心」と言うこともできます。感情の波がなく、自他の区別もない、しかし、無関心や虚無とは違うこころの世界です。説明する適切な言葉がないので、具体例を使って説明します。

テレビで野性動物の世界を見ると、シマウマの親子がライオンに襲われて食べられてしまう映像や、水を飲みに来たシカがワニに襲われ食べられてしまう映像を見ることがあります。私は田舎で育ちましたから、子どもの頃、夏になると、カエルがヘビに飲み込まれるようすや、水中でタガメがヤゴやカエルを襲うのを、じっと見ていた経験が何度もあります。

あのような場面に出くわすと、「人間である私はどうしたらいいのか？」「何かするべきなのか？」という疑問が自然と浮かびます。単純で感情的な人なら、「シマウマの親子を助けてやろう。ライオンは残酷だ」と思うかもしれません。しかし、ライオンにはその陰にお腹をすかせた赤ちゃんのライオンがいるかもしれません。子どもの頃、ヘビは気持ち悪く、なんとなく悪い生き物だから、カエルを助けてやりたいと思った記憶もあります。しかし、子どもごころにも、目の前の事実をありのままに見た私は、何も手出しはしませんでした。

そもそも、自然界に生きる野性動物の世界には「善悪」はありません。「欲」や「怒り」で他の生命を殺すこともしません。ただ生き残るために襲って食べるのでしょう。

しかし、生命が生き残るために、他の生命を襲って食べる姿は、ブッダの目から見ても、「哀れ」な姿なのだと私は思います。なぜ生命は他の生命を襲って殺してまで生き延びたいのか？　生き延びて何をするというのか？　このような根本的な疑問が起こるからです。

ただブッダと私たちとの違いは、ブッダの目には、私たち人間がイカの刺身をおいしそうに食べる姿、分厚いステーキを見て「旨そう」と思う姿は、ヘビがカエルを狙い、飲み込んでいる姿となんら変わらないという点です。ヘビやライオンが哀れなのではなく、人間を含めたすべての生命が哀れなのです。他の生命を食べて生き延びることしか選択肢のない、生命のありのままの姿が哀れなのです。

「捨」のこころは、まず何はともあれ、クールにありのままを見ることです。自分という「我」、中心からものごとを見るのではなく。人間という特別な目線で見るのでもなく。ただありのままに、善悪などの感情を交えずに、あるがままの事実を見るのです。まったくブレることのない、ブッダの眼差しそのものが、「捨」のこころです。

私たちの身のまわりや世界には、目を背けたくなるような理不尽なできごとがいくつもあります。また、自身の周囲に起こる生老病死の世界の理は「無常」です。このありのままの世界をありのままに見ることが、人間の思考を超えたブッダの智慧の世界でしょう。未熟な私たちではありますが、そのブッタのクールな眼差しでありのままを見ることが「捨」であると、ここで一応の説明をしておきます。

「さとりの光が現れますように」

以上、四つの慈悲のこころ、四無量心は、どれも人間にもともとあるものではありません。自分で精進して丁寧に育てるものです。慈悲のこころが生まれ育つのは、「私の」「私が」という「我」が壊れたときです。

ブッダは、「こころを育てる実践」は二つあると説かれました。そのひとつが、「慈しみ」「慈悲のこころ」を育てる「慈しみの冥想」です。もうひとつは、悟りにいたるための「ヴィパッサナー冥想」「気づきの冥想」です。この二つは車の両輪でたとえられますが、最初に実践するとよいのが「慈しみの冥想」です。冥想の実践は後で詳しく説明しますが、「ヴィパッサナー冥想」は思考を捨てることで、こころにあるいっさいの感情を捨て、超えることになります。「慈しみの冥想」は、こころに四つの善感情を育てて、悪いこころが生まれる隙間をなくしてしまいます。そこには智慧が生まれやすくなり、あるがままを見る「ヴィパッサナー冥想」が実践しやすくなるのです。

最後に、ブッダが説かれた唯一の真言をみなさまにお伝えして、この章を終わります。

「生きとし生けるものが幸せでありますように」（Sabbe《サッベー》 sattā《サッター》 bhavantu《バワントゥ》 sukhitattā《スキタッター》）

これは、スッタニパータと呼ばれる初期仏教経典のなかの、慈経（メッタスッタ）という経の一文です。この偈文は、初期仏教を実践する多くの仏教徒に毎日、四六時中唱えられています。すべての生命の幸福を願うことは、この世に人間として生まれた者の最も重要で最も基本となる「道徳」です。他の生命の幸福を願うものが、道理として、幸福にいたる、という真理です。もし、この世に真言というものが存在するならば、この偈文こそが、ブッダが説かれた正真正銘の究極の真言であると言えます。どこにも呪文や嘘・方便の要素がありません。この詩句を嫌うものも存在しないはずです。

この詩句を唱えることが、いちばん簡単な「慈しみの冥想」です。この詩句を理解して唱えている瞬間は、真にこころが浄らかになっていて、「欲」や「怒り」の生じる因がないのです。

第八章　死について

死について考えてみましょう。死について考えることはとても大切なのに、ほとんど実生活ではそのような機会はありません。親も教えてくれません。小中学校でも、大学でも、社会に出ても、死について学ぶ機会はありません。そもそもたいていの人は、死について学ぶ必要はない、私は「死」を知っていると思っています。死を嫌うのも、知っていると思っているから嫌うのでしょう。また、死について考えること自体を暗く感じて、忌み嫌うのです。本当は死のことは知らないし、だいいち死んだ経験もないのですから。死は誰にでも訪れる究極的な大問題なのです。この章では、死について白紙の状態から考えてみましょう。

嫌なことの頂点が「死」？

人間は日々の生活で、たくさん「嫌なこと」があります。あなたにとってはどんなことが「嫌なこと」なのか、考えてみましょう。

・人から非難されること、傷つけられることが嫌
・大切にしているものを壊されること、盗まれることが嫌
・お金や財産がなくなることが嫌
・事故に遭うこと、病気になることが嫌

数え出したらきりがないほど、私たち人間には嫌なことがあります。しかし、たいていの人はそのような嫌なことが起こっても、なんとか立ち直り、元気を取り戻して生きるのです。そして、命があるだけで幸せ、つまり「死」がやって来なかっただけで自分は幸運だ、と納得して生きていきます。

このように整理したら、結局「嫌なこと」の頂点にあるのが「死」だと言えるのではないでしょうか。そもそも人間が死について真剣に考えたり、死を真正面から学ぼうとしないのは、死ほど嫌なことはほかにないと思っているからでしょう。四二という数字が嫌われ、高層ビルのフロアーからも、団地の棟からも、車のナンバーからでさえ、なくしているのは、死について考えるのも触れるのも嫌、縁起が悪い、というこころのあらわれだと思います。

本当に死を知っているのか

ところで、その死を嫌っているみなさんにお尋ねします。あなたは本当に死を知っているのでしょうか？　死を嫌っていて、本当に死を理解しているのでしょうか？　みなさんが忌み嫌っている「死」とは、死そのものではなく、単なる「死のイメージ」ではないでしょうか。この違いが理解できるでしょうか。もっと言えば、あなたはまだ死んだことがないでしょう。死んだことのない者が、経験したことのない者が、どうして死を知っていると言えるのでしょうか。確かにあなたは、お父さんやお母さん、祖父母を亡くす経験をしたかもしれませんが、「死」を経験したわけではありません。病気でつらそうだった、寂しい思いを経験したなど、それらはすべて「死」のそばで起きたできごとで、それから「死のイメージ」をつくり、その死のイメージを「死」と思い違いして、嫌っているのが真相だと言えないでしょうか。

さて、それでは改めて、「死とはなんでしょうか？」

私の寺の先代老僧が、葬儀のときに毎回読んでいたブッダの言葉（お経）があります。

「無常なり諸行は、生と滅とは一致せる、生じては実に滅する、寂滅《じゃくめつ》は即《すなわ》ち安楽《あんらく》なり」

死を知るということは、じつは生を知ることです。死を知ることは、「生きる」とは何かを知ることです。生と死は同じものであって、それらの生滅、生死を乗り越えたところに、本当の幸福があるというのです。

「死」と「生死《しょうじ》」

もし仮に、人より真剣に「死」について学び、私は「死」のことを理解していますと言う人がいるとします。それでも、その人は半分知ったということでしかありません。仏教では、二六〇〇年の昔から、「死」とは呼ばずに、「生死」と呼んでいます。生死とは人間そのもののことでもあり、「死」というのは半分で、もう半分は「生」という意味です。生まれた者が死ぬ。当たり前のことです。「死」だけを取り出すことは不可能で、「生あるものが死ぬ」「生まれたらかならず死ぬ」というのが単純な事実です。生と死はコインの裏表であって、いわばセットメニューです。半分だけ、「生」だけ、「死」だけというのはないのです。「生死」はひとつのもので、「死を理解する」ということは、「生を知り」「生きるとは何かを理解する」ことにほかなりません。

もうひとつの大きな誤解のもとは、死が生の外にあると考えていることです。死は生の内にあるもので、死のなかに生もあります。「生」も「死」も単独で「ある」ものではないのです。

「私が生きている」「私が存在している」という妄想が打ち破られたなら、「死」への恐怖もなく、「生」への執着もない。生死を超えるとはそのことを言っているようです。

「死」に対するまちがったイメージを払拭する

「死」を学ぶにあたって、死のまちがったイメージを払拭することから始めましょう。まず、キャンバスを真っ白に戻す必要があるのです。

〈「終わり」という死のまちがったイメージ〉

一番目は、「終わり」というイメージです。人間は「終わり」という言葉が好きで、よく使います。確かに死は、人間としてのこの世での生命活動の終わりとは言えます。しかし、この「終わり」という言葉について考えてみましょう。

私もみなさんもまだこの世に生きています。まず、これまでの人生で実際に経験した「終わり」について思い返してみましょう。「終わり」は常に、何かの「始まり」ではなかったでしょうか。小学校生活が終わり、中学生としての始まりがありました。学生が終わり、社会人としての始まりがありました。定年退職という終わりがあり、その後の生活が始まります。このように何かの「終わり」は常に、何かの「始まり」ではなかったでしょうか。

この世で何かが「終わり」、もう金輪際なにひとつ「始まり」がなかった。そのようなことを「虚無」と言いますが、「虚無」は空想の産物で、実際には存在しないのです。何かの「終わり」は、常に何かの「始まり」であるというのが真理です。もし、「死」がすべての「終わり」

で、もう何もない、死の後は虚無であると考えているなら、それはとんでもない思い違いでしょう。死は確かにこの世の人間としての生命活動の「終わり」ではありますが、それは同時に何かの「始まり」である、と理解したほうが賢明です。自殺を考えている人がもしおられたら、このことは冷静に考慮しておかれたらよいと思います。

〈「なくなる」という思い違い〉

二番目は、「なくなる」というイメージの思い違いです。人間はこの「なくなる」という言葉も好きで、日常的によく使います。この「なくなる」という言葉について考えてみましょう。

仏教では、そもそも「なくなる」という事実はない、という立場でものごとを見ます。これは物理や科学の世界にも通じる真理で、「慣性の法則」「質量保存の法則」「エネルギー保存の法則」などでも証明できると思います。たとえば、地球はすでに誕生から四十数億年の年月が経過していると言いますが、このあいだに地球上からなくなった物質は何もない、というのが真理です。身近なところでは、私が目の前の湯飲み茶わんのお茶を飲みます。飲み干したら、お茶が「なくなった」と言いますが、事実はそうではありません。私の体内に移動したというのが事実でしょう。財布にお金を二万円入れて、スーパーに買い物に行きました。いろいろな生活用品を買ったので、財布が空になり、お金がなくなったと言います。これも小さな自我から見た妄想で、実際はお金がスーパーのレジに移動したというのが事実です。

このように、よく私たちが使う「なくなる」という言葉は真実ではありません。そもそも人間は自分という小さな自我から見て、見えなくなる、認識できなくなることを「なくなる」と呼んでいるのです。事実は、移動したり、「変化」があったということです。この「変化」という言葉は、仏教を理解するうえで、たいへん重要な言葉になるので注意してください。すべては「変化」したのであって、「なくなった」のでも、「終わった」のでもありません。この「変化」のことを、仏教では「無常」と説きます。すべてが絶えず変化している、というのが真理なのです。

さらに、大きな世界から見てみましょう。一年を三六五日、一日を二十四時間と決めているのは、地球が自転したり公転したり規則正しく動いているからです。このエネルギーはどこから来ているのでしょうか。地球上には摩擦や重力があり、エネルギーを使って投げたボールも転がって、やがて止まってしまいますが、無重力で摩擦のない宇宙空間では、いったんボールを投げたら、そのエネルギーのまま等速運動が続きます。エネルギーがなくなるわけでもなく、何か次の変化が生じるまで等速運動が続くのです。ですから、大昔に太陽系の宇宙で爆発が起こり、そのときのエネルギーのままに、太陽系の惑星も運動を続けているのです。このように宇宙レベルで見ても、ダイナミックなエネルギー運動があり、「なくなる」のではなく、変化し続けているのです。あるのは「変化」です。「無常」なのです。

「なくなる」「終わる」という言葉は、小さな自我から見た「人間の思考の世界」のなかの話で、「妄想」です。変化して、私の目には見えなくなる、耳には聞こえなくなる、五感で触れられなくなる、というのが真理かと思います。真理は「変化」であり、「無常」なのです。

生死と生滅

何かが「終わる」と、何かが「始まる」。何かが「消滅する」と、何かが「生まれる」。このようにシンプルに、ただ「変化」している世界が見えるでしょうか。冷静に事実を観察すると、何かが「なくなる」と、何かが「生まれる」という変化が見えてきます。稲が死んで、ご飯が生まれる。小麦粉が消滅し、パンが生まれる。赤ん坊のままでは少年になれません。赤ん坊が消滅して、少年が生まれるのです。そこには絶えず変化があり、生死生滅があるのです。大きな単位では「生死」と言い「輪廻」とも呼び、小さな単位では「生滅」と言います。あらゆるものが刻々と生滅し変化しているという事実を、どんなときも、どんなことに対しても静かに観察する習慣を身につけましょう。そうすることで、あらゆる事象の見え方も変化し、こころの安らぎが得られるようになる、というのも真理なのです。仏教で言う「諸行無常」とは、このような真理の姿をあらわした言葉です。

死は「嫌なこと」という誤見

あなたは今まで傷が治ったり、風邪が治ったり、病気が回復して元気を取り戻した経験があるでしょう。手の指先にアカギレができて、パカッと割れて血がにじんだりしたこともあるでしょう。その指先がいつの間にか治り、何もなかったように健康な指に戻っています。このような現象は、じつは「死」のおかげなのです。古い細胞がきれいサッパリと死んでくれたので、新しい細胞が生まれたのです。傷が治る、病気が治るという現象は、古い細胞がスッカリ死んで新しい細胞が生まれたという、生死生滅のおかげなのです。

私は去年、晋山《しんざん》式という儀式をして、お寺の住職に就任しました。晋山式という儀式は、前の住職の遷化《せんげ》式が近づいているという儀式でもあります。老僧にそろそろ「死」が近づいていますという意味です。老僧が退くことで、新しい住職が生まれるのです。

古い細胞がいつまでも粘ってがんばれば、傷が治らない、アカギレがいつまでもアカギレのままということです。古い細胞、古いモノが死ぬというのはこの世の定めで、きれいサッパリ死ぬことで、新しいモノが生まれるというのが真理なのです。

死のおかげで、生がある

あなたの手を今一度見てください。私は、私の身体の部分で手がいちばん好きです。ときおり眺めて、つかの間の哀愁を感じます。この手は絶えず生滅変化しています。古い細胞が刻々と死に絶え、新しい細胞が生まれて、この手を形成しています。車のオイルを交換して黒ずんだり、激しく豪快に使い、表面がカサカサに荒れたりしても、しばらくしたらみごとに元気を取り戻して毎日活躍してくれます。この私の手のたくましさ、みずみずしい生命力は、すべて「死」のおかげです。古い細胞がキッパリと死に、新しい細胞が生まれます。他の生命の死のおかげで、私たちは生き延びられて、そうして、この手も存在しているのです。

じつに、私たちは「死」のおかげで「生きている」、それが真実です。「死」は真理であり、それは生命のエネルギーの源ですらあるのです。死を恐れるのは、私たちが所有しているものの、知っているものを手放すことへの恐怖なのです。そして、永遠の継続を求める者は愚か者です。生と死がひとつのものであることを知らないのでしょう。

死を喜んでいる

さて、話を戻しましょう。死という言葉を聞いたときに思い浮かぶのは、たいていは身近な者の死であり、人間の死ではないでしょうか。さらに言えば、自分の好きなものの死であるはずです。違いますか?

「死という言葉を聞いて連想するのが、自分の好きなものの死である」ということには、じつは大きな問題が潜んでいます。あなたは、自分の親や祖父母や家族、わが子が死んだら、それはたいへんなできごとで、さぞ悲しむことでしょう。しかし、地球の裏側の戦争で死んだ人や、シリアの空爆でたくさんの子どもが死んだことに関しては、ほんの一瞬だけ憤りや悲しみを感じても、すぐに忘れ、話題を変えて微笑み、食事もするでしょう。また、私たちが毎日食べている食事は、じつは他の生命の「死」なのですが、これに関しては、「おいしい」「新鮮だ」と言って、むしろ喜んで受け入れているでしょう。このような自分の姿をありのままに見てください。私たちが悲しむ「死」は、地球全体から見れば、ごくごくわずかな自分の好きなものの死であって、ほかの九分九厘の死はむしろ喜んで受け入れたり、無関心でいられるのです。まずはその人間の姿を、自分の姿をありのままに見てください。

「今年はサンマが大漁だ」「この剣先イカの刺身は新鮮でおいしい」、人間は他の生命の死を喜びとして受け入れているのです。確かに、私たちが毎日食しているのは他の生命の死で、他の生命の死のおかげで、私たち人間は生きていられるのです。そのような事実があるのに、自己中心的に世界を見て、勝手に「死」を忌み嫌うというのは、とんでもない矛盾であり、誤見なのです。

仏教で説く「人間」と「死」

人間は母胎のなかで生命を宿し、生まれます。そして、人間としての生命活動が始まります。誕生し、死がやって来るまで、さまざまな行為をします。その行為の結果は、すぐに終わるものも長く続くものもあります。役に立つことも多少あるかと思いますが、悪い結果を生む行為もあります。人は死んでも、その人の行為の結果が生滅しているあいだは、その人の行為は生きていると言えます。

仏教の立場から「死」を簡単に説明すれば、肉体（物質）から、こころのエネルギーが離れることです。肉体には自ずと物質としての存在期限があるのです。仏教では身体を乗り物と考えます。喜んで買った新車も二十年も乗ればポンコツになり、廃車する時期がくるのと同じ理屈です。

身体は乗り物、私そのものではない

身体は乗り物であり、自分自身ではありません。誕生したときはおよそ三kgでした。その三kgも母親から貰ったもので、そもそも自分のものではありませんでした。母親から貰った身体もすでにもうありません。現在の約八〇kgは、他の生命を食べてできたものです。どこにも自分自身と言えるようなものは、身体にはありません。水分とタンパク質・脂肪・繊維・カルシウム…などがその正体です。他の生命から奪い取ってできた肉体に、こころのエネルギーが宿っています。このエネルギーこそが私の本体です。

母親から肉体を貰いましたが、こころまで母親に貰ったわけではありません。こころのエネルギーはもとから別ものです。このこころのエネルギーは、物質の法則とは無関係にある一種のエネルギーです。霊魂などと難しく考えないでください。仏教ではこの生命のエネルギーのことを五蘊《ごうん》と言いますが、ここでは認識する作用、感情、感覚という程度に簡単に理解してください。ゴリラのぬいぐるみにも肉体はありますが、こころのエネルギーはありません。生命ではないのです。蚊やゴキブリや微生物には、ぬいぐるみにはない生命のエネルギーが宿っています。感じる、認識する、感情がある。これが生命のエネルギーで、こころとも言えます。

こころのエネルギーには、物質の法則は通用しない

こころのエネルギーは、肉体とはまったく別の法則で存在しています。「あなたは何歳ですか?」と尋ねられたら、ふつう「五十歳です」などと肉体の年齢を答えるでしょう。「こころの年齢は何歳ですか?」と問われたら返答に困ります。じつは、こころには年齢はな

いのです。こころは物質的な法則、次元では存在していません。ですから、私の村には、九十五歳になっても毎日畑に出て元気に朗らかに暮らしているお婆ちゃんがいるかと思えば、三十歳そこそこで人生に疲れ果て生気のない若者もいます。これはこころのエネルギーの違いです。こころは歳をとらないのです。こころには時間もなく、空間もなく、物理法則では測れないのです。

こころが肉体に依存、つまり肉体こそが自分であると肉体に執着している人は、仏教から見ると哀れな人です。歳を重ねれば肉体は弱り、歯は抜け落ちて皺だらけの老体となります。そのときに肉体が自分だと思い違いしていると、こころまでみすぼらしく貧相な老人になってしまいます。

しかし、こころが肉体に依存しない人は、肉体が単なる乗り物であることを、理屈抜きに身体と経験で理解しています。九十五歳の元気なお婆ちゃんは、肉体が終わることを百も承知で、そんなものにとらわれずに、こころの世界で生きているから元気なのです。そういう人には、こころに「徳」と呼ばれる一種のエネルギーが育っていて、だから九十五歳になって皺だらけでも、決して貧相ではなく福々しいのです。豊かで温かみのある「徳」が、その人のこころに宿っているからです。

死こそが真理である

さて、ここまで読んでいただいてどうでしょうか。「死」に対する見え方が、多少でも違ってきたでしょうか。死を忌み嫌うことがいかに愚かで、真理から遠ざかっていることかが理解できたでしょうか。死は真理なのです。

生死・生滅の真理

ここで物質の世界（肉体）にも、こころの世界にも通じる生死・生滅の法則を説きます。それを仏教では「縁起」とか「因果」と呼びます。何かが消滅して、次に何かが生じるときの法則です。その内容のひとつは、終わった何かと始まる何かは「そっくり」であるという法則です。ポイントは、滅したものと生じたものは別ものではあるが、そっくりで似ているという点です。

まず、物質の世界を見てみましょう。あなたは毎朝鏡を見て、それを自分と認識して違和感はないはずです。しかし、毎日毎日あなたの細胞は止まることなく生滅して変化していきます。それでも、昨日鏡で見た自分が幼児の姿で、今日の自分が老婆ということはありません。あなたの顔を構成している細胞は毎日死んで、新しい細胞を作っていますが、二十四時間ではその変化が私たちにはわからないのです。それは死んだ細胞とそっくりなものをコピーして作っているからです。そのような真理があって、赤ちゃんは赤ちゃんのすべすべの肌を作り、老婆は老婆の肌を作るのです。本当は毎日刻々と変化して同じではありません。しかし、同じでないそっくりなものを作るという因果法則があるので、その「変化」＝「老」は一見しただけではわからないのです。老はこのコピー能力が低下することでもあります。

こころの世界も同じ法則が働いています。今こころに「怒り」の感情が生じたら、そのこころが消滅して、次につくられるこころも、「怒り」の波動です。こころに何か「欲」が生じて、そのこころが消滅したら、次につくられるこころも「欲」の波動です。このような法則があり、愚かな人はこころに「欲」と「怒り」の感情をつくり、生涯、悪い感情を消滅させて生きています。だから、幸福になれないのは当たり前です。

智慧のある人のこころには、「慈しみ」のこころが生じます。「喜び」や「優しさ」がこころに生じて、それらが消滅したときに、次に生じるこころも、そっくりな浄らかなこころなのです。そのようにして、智慧のある人のこころには、何が起こっても幸福が生涯打ち続くのです。それゆえに仏教では、最期臨終のときまで続く「今の瞬間」が大切と説くのです。極楽という世界があるならば、「死の瞬間を人生最高の極楽境に！」というのがブッダの生き方なのです。なぜなら、「死」はすなわち「生」であり、臨終のこころの状態そっくりの生を受けるというのが、因果生滅の法則で輪廻なのです。生滅も生死も輪廻も同じ法則で動いています。ブッダのこころは完全な静寂にあったので、もう二度と母体に宿ることはなかったのです。

死随念《しずいねん》

もうひとつ大切なブッダの言葉をお贈りしましょう。みなさんは今まで、神社に初詣でしたり、お寺参りをしたときに、手を合わせて何を拝み、何を願っていたでしょうか。「いつまでも元気で健康でありますように」とか「お金が儲かりますように」「試験に合格しますように」など、自分の欲望の願掛けばかりしていたのではないでしょうか。真理や事実とはほど遠い、夢や希望ばかりを願っていたのではないでしょうか。

ブッダが常に念じなさいと説かれたのは、「真理・真実・事実」です。そのいちばん究極的な実践が「死随念」です。「随念」とは、そばに置いて念じることで、つまり「死随念」は「死を常にそばにおいて念じなさい」という意味です。わかりやすく言えば、「私は死にます」ということです。この「私は死にます」ということは真実であり、真理です。「健康で長生きしたい」というのは希望であっても、妄想であって、真理ではありません。ブッダは、常に「私は死にます」と念じなさい、と説かれたのです。これは、若い人には嫌がられ気持ち悪いと思われるかもしれませんが、じつは底抜けに明るい真理の言葉なのです。そもそも「私は死なない」と思っている人が、腹を立てたり、人の悪口を言ったり、人に嫌がらせをするのです。「私は死にます」と真理を理解している人は、決して簡単に腹を立てたり、人に意地悪いことはしないのです。

もし、あなたが家族の誰かを家から送り出すときに、口げんかでもして気持ちよく送り出せなかったとします。その後、その大切な人が事故に遭い帰らぬ人となったら、あなたはたいへん後悔するはめになります。人は無意識に、自分も家族もいつまでも存在すると錯覚するのです。「死随念」は、今の瞬間はたった一度きり、人生はいつも「今」しか存在せず、「死」はいつやって来るかわからない、という真実に基づいた冥想です。

死を随念する人、死を常に念じる人は、暗いうしろ向きの人ではなく、明るく今を生きる人なのです。死随念の実践者なら、常に、人生のこの瞬間が最後かもしれない、とこころの片隅で真理を見ています。だから人を大切にし、その瞬間を大切にし、大切な人といるその時間が光り輝いた瞬間となるのです。腹を立てたり、人の悪口を言っている暇はないのです。

死ぬその日までですること

- 死随念をする。すべての存在は例外なく死ぬ、ということを常に観察する。
- 死に対する幻想を持たない。死は真理であると理解する。「私は死にます」と念ずる。
- まだ死んでいないなら、気楽に、穏やかに、明るく生きることにする。
- 後悔すること、批判を受けること、良心が傷つく行為はいっさい今からやめる。
- 死ぬことになっても、軽々と受けとめられるようにする。

・生と死のあいだに境界線はない、死は生の内にあると見る。
・死の恐怖を終わらせるには、死とじかに触れ合うこと。
・死と触れ合うとは、毎日のあらゆることがらに執着せず、手放すこと、死ぬこと。
・死と触れ合うとは、つべこべ言わずに潔く死ぬこと。死は私と議論しない。

・死後の世界をつくるのは、「死にたくない」という衝動からではありませんか？
・私たちは生や死を知りたいのではなく、生が永続する方法を知りたがっているのでは？
・私たちが死を恐れているのは、生きているあいだには死（未知）を体験できないからです。
・「死」＝未知、未知のものを既知（知識）で知ろうとする、それこそが無智です。
・持続するものには、新生がない。死にこそ新生と創造がある。
・終わることのなかに、死ぬことのなかにのみ、新しいものを発見できる。
・死を恐れるのは、鈍感で無智だからです。
・もし不死があるとするなら、それは死のなかにあるのです。

第九章　苦しみ

「苦しみ」について考えてみましょう。「苦」とか「苦しみ」という言葉は日常的な言葉なので、およその意味は理解できると思います。しかし、ブッダの説いた「苦しみ」については、仏教の実践的な経験のない人には、少々理解が難しいかと思います。

真理としての「苦」

仏教にはパーリ語で、dukkha ariya sacca（ドゥッカ・アリヤ・サッチャ）という言葉があります。「ドゥッカ」は、苦・苦痛・苦悩・虚しさ、「アリヤ」は、聖・聖なる・神聖・聖者、「サッチャ」は、真理・真実・諦という意味です。「苦聖諦《くしょうたい》」と漢訳されました。「苦は聖なる真理です」と日本語に訳すことができます。仏教で言う「苦しみ」とは、言葉はふつうの日常語ですが、じつは「真理」をあらわしています。わざわざ「聖なる」という形容詞もついています。仏教の根本となる大切な真理であることを「苦聖諦」という言葉に託しているのです。ですから、仏教を学ぶとは「苦を知る」「苦を学ぶ」ことと言いかえてもよいくらいの重要な言葉なのです。お釈迦さまが悟りをひらかれて最初にされた説法を初転法輪《しょてんぼうりん》と言い、そこで説かれた法が「四聖諦」で、「苦聖諦」がその中身です。この章では、聖なる真理として、「苦しみ」について説きたいと思います。

「苦しみ」という言葉のイメージから、「あまり聞きたくない」「興味がないわ！」といった反応があるかもしれません。しかし、仏教の教えは、「苦しみなさい」という教えではありません。苦を理解することで、「苦しみがなくなる」という真理です。どうぞ最後までおつきあいください。

世間の苦しみと、仏教の苦しみ

もし私が老人ホームや介護施設に行って、「人生は苦である」とそこにおられる方々に言ったなら、「若い和尚さん、そんな話はあんたに聞かんでも、わしらは痛いほど知っとります！」と言われるかもしれません。ブッダの説いた「苦」と、一般的に人々が言う「苦」の違いは何でしょう？　簡単に説明しますと、一般的に人々の語る「苦」は、「苦しい」という感情のことを言っています。ブッダの説いた「苦」は、人生のありのままの姿としての「苦」であり、そこには「苦しい」という感情は含まれていません。単純なことですが、この両者の違いを理解することが肝心です。さて、それではそのブッダの説いた「苦」を、八つに分けてお話しします。「四苦八苦」と言います。最初に言っておきますが、一番目と八番目が少々難しいです。

四苦八苦

「四苦八苦」という言葉は、小学生でも知っている言葉です。これはまさしくブッダの説いた苦聖諦の中身なのです。前半の四苦を根本苦とも呼び、すべての生命が絶対に避けることのできない、真理としての苦です。それが「生老病死」の四苦です。この「生老病死」は人間そのもの、生命そのもののありのままの姿です。「生老病死」が人間であり、生命そのもののの実態であるという意味です。

《生》　jāti　ジャーティ　生苦

一番目は「生《しょう》」です。ここで説く「生」は生きるという意味ではありません。「ジャーティ」は生まれる・誕生といった意味合いで、「生まれること」と考えるのがいちばん適切かと思います。「生まれることは苦です」と言っているのです。

私たち人間の世界、文明国と言われている国では、子どもや孫が生まれたら、「おめでとう！」と言って祝うことが当たり前になっています。「生まれること」が良いこと、すてきなこと、すばらしいこと、となっているのです。しかし、ブッダは「生まれることは苦である」と言うのです。私たちの人生観とは、最初の出発点ですでに食い違いがあるようですね。さて、どちらが真実なのでしょうか。まず人間の世界でも、親から望まれ親族からも望まれ、生を祝ってもらえるのは、じつはほんの一部の恵まれた人間です。生まれる前から望まれずに淘汰される生命、生まれても生かされない生命、生まれて間もなく死にいたる生命が圧倒的に多いのが、地球上の人間の生の実態なのです。まして、仏教でいう生とは人間だけのことではなく、すべての生きとし生けるものの「生」のことです。他の生命は、まず生まれたら他の生命から喰われるという心配が、生の次の瞬間からあるのです。私たちが明太子とかイクラと呼んで喜んで食べているのは、どれも魚の「生」です。タラの赤ちゃんが一人前の大人に成長する確率は、宝くじに当たるほどの確率かもしれません。生まれた瞬間から生存競争があり、喰われる苦しみがあるのです。

　人間の誕生も、現実は苦しい痛みのともなうものではないでしょうか。母体のなかで呼吸も栄養も完全にお母さんに依存していたあの究極の「極楽」の状態から、一気に孤立した生命となり、肺呼吸に変わります。鼻や気道には胎液が残っており、最初の呼吸は苦しいと聞きます。また、一瞬遅れて呼吸ができないと死にいたります。この急激な環境の変化のため、赤ちゃんは大声で泣き、呼吸をします。泣くのはうれしいからではありません、苦しいからです。いっぽうお母さんのほうも、身体に穴が空くような苦痛を味わうと聞きます。やはり、生は苦であるというのが真実なのかもしれません。

この一番目の「生」を理解するのは難しいですよ、と最初に言ったのは、じつは経典から類推すると、この最初の「生」の訳は、「生まれる」よりも「再び生まれる」と理解するのが正しいからです。仏教では当たり前のこととして、「輪廻からの生」「生と死は同質」と説いています。この世で「生」を受けたということは、何十万回かの無始よりの輪廻からの「再びの生」という意味があります。「おまえは、何十万回と生存を繰り返し、また性こりもなく生まれてきたのか！」というような意味合いがあるのです。

余談ですが、私の姉が生まれたときに、近くの尼寺の尼僧さんが来られて、その生まれたての赤ちゃんを見て、お祝いの世辞を言うこともなく、「可哀そうに。またこの世に苦労しに来たの…」と語られたそうです。今になって、その尼僧さんの言葉が理解できるようになりました。

常識の領域を越えていますが、「生苦」はこのような意味があるので難しいのです。これが「生まれることは苦である」「生じることは苦である」という真理です。

《老》 jarā ジャラー 老苦

二番目は「老」、「老いることは苦である」という真理です。仏教でいう「老」は、老人になって老がやって来るということではありません。生まれたその瞬間から老が始まります。よちよち歩きの赤ちゃんが立って歩くようになること、小学生が中学生になること、高校生が社会人になること、これらすべてを「老」と見ます。十代の娘が美しい女性に成長するのも、その女性がお婆ちゃんになるのも、正体は同じ老です。

〈成長と老の違い〉

私たちは、赤ちゃんが幼稚園に入園したり、小学生が中学生になることを成長と呼んで喜んでいます。しかし、社会人が定年退職することや、お母さんがお婆ちゃんになることを成長とは呼んでいません。いったいいつまでが成長で、いつからが老と決めているのでしょうか？　ところで、当のあなたは今成長していますか？　それとも成長は終わり、老いているだけですか？　これはとても大切な質問です。

私ごとの自画自賛で恐縮ですが、私は初期仏教を知らなかった四十代の頃と現在を比べてみると、自分でも驚くほど、こころが成長しているのがわかります。ブッダの冥想を知って実践し始めて、私のこころは想像もしなかったほど成長しました。これは肉体とはまったく別の、こころの成長です。

先にも述べましたが、自分の肉体が自分自身だと思い込んでいる人は、三十歳頃からは老いるいっぽうで、成長はまったくありません。自分の本体が肉体とは違うこころの働きであると理解している人は、肉体は衰えても、こころがそれとともに衰えることはありません。それどころか、こころはどこまでも、肉体的条件に関係なく成長することが可能です。こころの成長には限界や終わりがありません。そんなわけで肉体の若さや健康、美貌ばかりを大切にして、こころの成長を理解しない人は、哀れな人生を送ることになってしまうのです。なぜなら、肉体は自分の希望とは無関係に、ただ老いるいっぽうだからです。これを「老苦」と呼ぶのです。昨今、アンチエイジング、若返りますよ、と永遠の美貌があるかのごとく、化粧品やサプリメントを宣伝していますが、「老」に勝てる者は絶対にいません。「老いる」こと自体が真理であるというのが、二番目の「老苦」です。

《病》　byādhi　ビャーディ　病苦

三番目は「病」です。これも一般的に言う「病気」とは見方が違います。一般的にいう病気はふだんの健康があって、その対照として「病」をとらえています。ふだんは健康だが、たまたま病気になった、というような相対的な理解の仕方です。仏教で説く「病」は真理としての「病」です。常に人間は「病」とともにある、と説いています。言葉を換えれば、放置しておくと命のなくなる状態を「病」と呼んでいます。つまり、ふつうに生きている状態が、放っておけば死にいたる「病」の状態だと言うのです。だから、水を飲んだり食べ物を与えたり、肉体の世話をしているというわけです。身近な例で言えば、「お腹が減る」という日常的なことも「病」と見るのです。ややこしいので、「食べること」を例にして詳しく説明します。

〈なぜ食べるのか?〉

あなたは「なぜ食べるのか?」という本質的な問題を真剣に考えたことがありますか?平成の日本の世相では、「食べること」は娯楽になっています。グルメブームにのって珍しいものを食べる、おいしいものを行列してまで食べる。「食べる」ことが趣味や道楽、またストレスの発散であったりしています。しかし、昔から仏教では、食事のことを「薬石」と呼んでいます。つまり、お腹が減るということは、放置しておけば死にいたる「病苦」であるという見方なのです。「食べる」という行為は、身体の細胞が刻々と死に、壊れつつある身体を修復する行為で、他の生物の命を食べて、「死」から逃避し、肉体を維持する作業なのです。放置しておけば、栄養失調になって餓死するのです。しかし、そんなに心配する必要もありません。一日に二、三度適切に補充すれば、死にいたることはないのです。

〈両親から学ぶこと〉

私の両親は二人とも健在ですが、どちらも昭和ひとけた生まれで、間もなく九十歳を迎えます。両親は戦争経験者で、食べるものがない「苦しみ」を経験しています。少年期を、食べたくても食べ物がない時代に生きたのです。そういう親から、食べ物を求めて、芋の蔓や木の根っこを食べたとか、一個のサツマイモを家族で分けて飢えをしのいだという話をよく聞きました。そういう世代の人は、「空腹」が、栄養失調など直接死につながっていることを身体で理解していて、その経験から「食」の適正があるように思えます。

現代人には、食べ過ぎ、栄養の過剰摂取、肥満やそれらが起因の病気はあるものの、飢えや栄養失調という事態はまず見られません。実際に起こる栄養失調は、摂食障害などの精神疾患から生じるものがほとんどで、食べ物がないという飢餓は、日本にはまず見られません。現代は、食べられないことの苦しみを知らず、食べ過ぎることの恐ろしさを考えず、「食」の適正、食べることの本質を知らない、無智と欲が蔓延している飽食の時代なのです。目の前に起こっている「食」の異常事態に気づいていないのが、現代人なのです。

私は仕事がら、生きている人も、すでにこの世の生を終えられた人も含めて、大正から昭和ひとけた生まれの現在八十歳以上の人をたくさん知っています。その時代の方々と野生動物には肥満の問題はまずありません。これは何を意味しているのでしょう？

毎日訪れる空腹は、まぎれもない「苦」です。そして、命にかかわる危険でもあり、「病」

ととらえます。「食べる」ことは危険をともないます。多くの人がまちがった「食べ方」で病死にいたっています。そういう人は、必要な食を得て、こころの底から満足する「小欲知足」の感覚を失っているのです。

〈病とともに〉

自身が健康であると思っている人でも、身体には無数の細菌やウィルスが共存しています。健康な人でも毎日癌細胞は生まれ、なんとか免疫作用で健康を保っているというのが、事実かと思います。つまり、人間は「病」とともに生きているのです。

〈病と人間の勝負、最後の勝者は〉

そうして病とともに生きているのですが、けがをしたり、風邪をひいたり、虫歯になったりという程度の小さな闘いなら勝つこともありますが、病との最終的な一本勝負でどちらが勝者となるのかは、明確にすでに決まっています。「老」と同じく「病」も真理です。真理に逆らうのは愚かな行為です。健康に気を配って注意深く生きることは大切かもしれませんが、最終的には「病」には勝てないことを真理として理解し、人間の分をわきまえておくことが肝心です。

〈「老」も「病」も真理と理解する〉

ふつうに健康に生きている人は、知らず知らずに、自分は健康でいつまでも生きられるという単純な錯覚に陥っています。二年後に家を建てる、海外旅行を計画する、といったことはそのよい例です。なんとなく二年後も生きていると思っているのです。深夜のテレビのコマーシャルには、この「老」と「病」に勝って永遠に生きられると錯覚させるような宣伝もあります。今一度、この「老」も「病」も相手は真理であり、私たちの手におえる相手ではないことをしっかりと自覚しておいてください。健康であることや美しくあることに、多少の努力をすることは大切かもしれませんが、最後の勝負では「老」「病」にはかなわないことを真理として理解してください。それでも病気になることは、つらいことです。しかしそれは、「どの生命も病気になって死ぬのだ」とありのままの真理に気づくチャンスでもあります。そうして残された人生を有意義に生きることが仏教者の生き方なのです。

《死》　maraṇa　マラナ　死苦

死については、前の章で詳しくお話ししましたので、ここでは別の角度から解説します。

〈人生の最終目的地〉

あなたの人生の目的地はどこでしょうか？　念願のマイホームを建て、家族と豊かに暮らすこと、ゴルフに行ったり、海外旅行に出かけたり、人生の楽しい計画はいろいろあると思います。ところが、これらの目標はすべて最終目的地へ向かう過程であり、人生の最終目的地ではありません。しかも、現実には楽しいことばかりがあるわけではなく、家族が病気になり看病をする、親の介護をする、親が死に、葬儀や一連の儀礼に時間を費やす。そしてまさに、生・老・病に煩わされて、最後の目的地は、自分自身の「死」です。人間としての生涯の最終目的地はまちがいなく「死」です。この事実を人間は真正面から考えたくないのです。「それでは夢も希望もないじゃないか！」と反発して、考えないのです。しかし、このどうしようもない事実そのものが、「死」という「苦しみ」、「死苦」であって真理です。

どうぞ今一度静かに、真摯に、人生の最終目的地が「死」であることを諦《あきら》かに見てください。「生まれたら」、「老いて」、「病気になって」、「死ぬ」のです。これはすでに、生を受けた者すべてに決定されているのです。いつかはわかりませんが、私は死にます。そういう意味では、生きる日数も決まっているのです。一日生きたら、その回数券が一枚減った、一日死んだということです。「生老病死」という根本苦をこのようにありのままに見ましょう。人間は毎日生まれ、毎日老い、毎日病み、毎日死につつあるというのが、「生老病死」という人間の姿そのものなのです。

私は日常、悩み、欲ばり、怒りを感じて、その感情に支配されそうになったとき、そくざに「私は死にます」と念じます。最終目的地を明確に確認するのです。そうすると、一瞬にして、そのことがらが無価値となり、死を受け入れるこころの平安が現れます。真理を念じたら、葛藤は終わります。

これで四苦「生老病死」の根本苦の解説は終わりました。次に、それに付随する残りの八苦を解説します。

《怨憎会苦《おんぞうえく》》

五番目は「怨憎会苦」と言います。「怨み憎む相手にかならず出会います」という意味です。この怨憎会苦は、子どもを育てているお母さんは、しっかりと子どもに教える必要があります。最近よく言われるようになった、ニート、引きこもり、不登校児などは、家庭でこの真理を十分に学ばなかったことも大きな原因かと私は思います。そのような子どもはそれぞれの家庭では、王子さまか王女さまのようにかわいがられて、両親も祖父母もみんな優しく、自分の言うことを何でも聞いてくれます。そんな子どもが幼稚園や小学校に行くと、そこはわがままな王子さまと王女さまの集まりです。たちまち勢力争いが起こり、家庭では出会ったことのない理不尽な目に遭うことになります。そもそも、学校に行けばいじめっ子もいます。乱暴な子どもも、考え方や趣味の違う者もいるのが当たり前です。会社に行けば、厳しく口うるさい上司もいるでしょう。意見の合わない嫌いな人も現われます。嫁に行けば、姑とは世代も違い考え方も違うのです。親子でも自分が成長したら、親とは意見が合わないのがふつうです。一歩社会に出れば、自分と意見の合う人に出会うことのほうがまれであり、たいていの人とは意見も考え方も合わないのが実際と言えます。

自然界を見ても同様です。私は田舎で暮らしていて、山や野原、畑が好きです。春は筍に始まり、木の芽、タラの芽、キノコ採り。私が欲しいモノを採りに行けば、かならず向うからやって来るモノがいます。蚊にダニ、クモの巣、ひっつき虫、ヒル、ウルシにスズメバチ…。彼らから見たら、私は立派な獲物で敵です。当然私が獲物を探すのと同様、向こうもやって来るのです。また、自然界を冷静に見れば、人間以外の生命は、人間に出会うほど恐ろしい怨憎会苦はないのです。人間に出会えば、一族もろともに殺されることもあります。

そのようなわけで、「怨憎会苦」もこの世の真理として、しっかりと理解し、子どもにも適宜その道理を教えて育てる必要があるのです。一家にひとりは理屈が通じない、こわい人間がいるくらいが、ちょうどいいのかもしれません。

《愛別離苦《あいべつりく》》

六番目は「愛別離苦」と言います。怨憎会苦の反対で、「愛しく好きなものとは、いつかかならず離れる」という意味です。今この場で、あなたがこの世でいちばん大切にしている人、大切にしているものを思い浮かべてください。そして、「それらと永遠にこの世で一緒にいられるか？」と問うてみてください。答えはすぐにわかります。それは無理なのです。相手が去っていくか、自分が先に去るか、二者択一で、かならず離れるのが真理です。

「会者定離」とも言いますが、愛しい者ともこの世でお別れするのです。「あの世で会いましょう」などと言ってみても、それも無理です。人間は独りで生まれて、そして、独りで去っていくのが真理なのです。「死」の章でお話しした「死随念」を思い出してください。あなたの大切な夫や奥さん、世話になったお母さんお父さん、かわいい子どもとも、みんなと離れるのが定めです。あの世ではなく、この世で別れるのです。しかも、それがいつ訪れるかわからないのです。今日がその日かもしれないのです。

そのように真理を理解したら、相手を大切にしよう、この瞬間がかけがえのない時間なのだと、今という瞬間が光り輝いてくるのです。真理を理解する者は決して暗くなったりしません。愛別離苦の真理を理解しない者が、腹を立てたり、悪口を言ったり、暗く欲深い波動をこころに生じさせ、まわりに不幸の種をまくのです。

《求不得苦《ぐふとっく》》

七番目は「求不得苦」です。「求めても得られない苦しみ」という意味です。さて、あなたがこの世でいちばん欲しいものは何でしょうか。愛情・お金・家族・友だち・地位・名誉・安定・安心。数え上げればきりがないほど、欲しいものはあるかもしれません。たとえば誰にでも当てはまる、人間が欲しいもののなかに、「人からの信用」があります。愛情や家族、友だちが欲しいと言う人も、それは相手からの「信用・信頼」がなければ得られません。人が毎日コツコツとまじめに努力して誠実に生きているのも、この「信用・信頼」を大切に思うからではないでしょうか。そして、この信用を得るためには生涯を通じて、ひたむきな小さな努力の積み重ねが必要です。反対に、信用、信頼を失うのは一瞬のできごとで、ある意味簡単です。私が五十年努力して積み重ねた信頼も、飲酒運転をして子どもをけがさせたとか、ちょっと魔がさして不運が重なれば、職場での信頼も、住職としての信頼も、地域社会のひとりとしての信頼も、一瞬で失うことになります。このようなはめになった人の例は、毎日いやというほど新聞やニュースに載っています。求めるものを得るためには、このように一瞬一瞬の小さなことに対する注意が、生涯必要なのです。欲しいものはそう簡単に得られず、失うのは一瞬という真理があるのです。

〈「求不得苦」の裏の意味〉

この「求不得苦」には、裏側の意味があります。それは、人間はこのようにして、欲しいものを得るのに、たいへんな苦労をするのですが、その「苦労して得たもの」によっても、また苦しむというのがもうひとつの真理なのです。

近所の不良少年のことで悩み苦しむ、ということはありません。隣の痴呆症の老人のことで悩み苦しむこともないのです。苦しむのは、わが子の非行や親の痴呆症や伴侶との不仲なのです。苦労してつくった家族が悩みの種で、苦しみ、それが原因となって死にいたることさえあるのが現実です。地位や財産を得たものは、その維持管理に苦しみ、さらに、失う苦しみさえ生じるのです。ポンコツの軽自動車に乗っていれば、スーパーの駐車場に止めて少々傷つけられても平気ですが、大枚はたいて高級車を所有すれば、傷つけられはしないか、盗まれはしないかと苦しみが始まるのです。シマムラやユニクロで買った服なら、しょう油がついても平気で、苦しむこともないのですが、デパートで買った数万円のワンピースだと、ちょっとしょう油がついただけでも大騒ぎ、悩み苦しみが生まれるのです。

苦労して得たもの、大切なもの、価値入れしたもの。人間の苦しみの正体は、「わがもの」という「執着」なのです。これが「求不得苦」の裏側の真理で、人間は「得たもので苦しむ」のです。

《五蘊盛苦《ごうんじょうく》》

いよいよ最後の八番目、「五蘊盛苦」です。「五蘊盛苦」は、「一切行苦」とも「一切皆苦」とも言います。これは最初に申しましたが、少々難しいです。

まず、五蘊とは人間そのものと理解してください。人間には肉体があり、感情・感覚・記憶・知識などがあります。今の段階では、「五蘊」とは五感、感じること認識することと理解してもかまいません。仏教では当たり前のように、肉体（色）とこころ（名・精神作用）を分けて考えます。その人間としての本体である精神作用を五蘊と考えておいてください。

そうして、「五蘊盛苦」の大まかな意味は、「人間そのものが苦しみの塊」「感覚そのものが苦しみ」「すべてが苦しみ」といった意味で、「苦聖諦」そのものが「五蘊盛苦」とも言えます。今から「五蘊盛苦」を解説しますが、難解な部分があるので、私のたとえ話を通じて説明します。人間には四苦「生老病死」という根本苦があり、これも人間そのものを意味しています。人生の行く末が「死」であるということを理解したうえで、読み進めてください。

〈すべてが苦しみ？〉

五蘊盛苦の意味は、「すべては苦しみ」「生きることは苦しみ」ということですが、みなさんは簡単には納得されないでしょう。「なるほど確かに人生には苦しみがあるが、苦しみだけではない。楽しいこともあるでしょう！」「そんなに苦しみばかり考えて暗くなっても、何の意味もないじゃないか！」というのが、みなさんの考えではないでしょうか。

さて、ではその「苦」の対極にある「楽しみ」「楽」について考えてみましょう。人間は楽しいことが好きです。来月家族で温泉旅行に行くことにしました。海の温泉がいいかな、山の温泉がいいかな。紀伊半島の海の見える温泉にしましょう。考えているだけで楽しいですね。さて、温泉旅行の楽しみの中身は何でしょうか。道中の景色も楽しいです。とりわけお風呂が楽しみです。家のユニットバスではもの足りません。たまには海が見える露天の岩風呂に入り、景色と新鮮な空気を楽しんで、ゆったりと大きなお風呂でくつろぎたいものです。食事もまた、近所のスーパーで買った出来あいのものではなく、中居さんが運んでくれる色とりどりの季節の懐石料理は、見ているだけで楽しいものです。

このように観察しますと、人間は美しいもの珍しいものを見たい聞きたい、いい香りを嗅いでいたい、おいしいものを食べたい、心地よい感覚に触れていたい、何度でもそのような感覚を味わいたい、人生を満喫したいという欲求で生きていると言えます。このような人間の欲求を、仏教では「五欲」と呼んでいます。人間は「五欲」が大好きで、この「五欲」の追求のために生きている、と言っても過言ではありません。洋服も車も家も恋人も、見た目美しく感触のよい五欲を満足させてくれるものを欲するのが、人間の姿とも言えます。

では、その「欲」が完全に満たされることがあるのかと言いますと、それはありえません。「無常」といって、対象も自分自身も刻々と変化する「生老病死」のなかで生きていて、どんな「楽」も続くことがないのです。たとえば、喜んで入った露天風呂も、「楽」を感じるのはほんの二、三分であって、もし十分、一時間とその風呂に閉じ込められたら、同じ風呂が苦しみと変わり、極楽が地獄となるのです。おいしい懐石料理もおいしく感じるのは、最初の一口、二口で、食べ続けると、これもあっという間に苦しみに変化し、食べ過ぎたら気持ち悪く、しまいには「満腹苦」、いき過ぎると吐き気すら感じる始末です。

このように、ありのまま「楽」の実態を観察しますと、人間は身体が冷えているという「苦」のあるときに入浴すると、「温まる」という「楽」が現われ、空腹という「苦」のあるときに食べると、「おいしい」という「楽」が現われます。「苦」が消える瞬間に「楽」が現われ、「苦」が消えると「楽」も消える、という幻の「楽」を追い続けているというのが事実です。最初にあるのは「苦」なのです。そして、仏教で言う「苦」とは、「楽」もひっくるめたもので、「楽」も「苦」の一部分という見方なのです。ですから、「苦」も「楽」も「不苦不楽」も、すべてが「苦」という真理のあらわれなのです。

〈「死」の瞬間をどう迎えるか〉

何よりも大切なことは、人生の終わり、この世の最終到達地点が「死」であるという事実

です。「死」とは、

・見ることが終わります、
・聞くことが終わります、
・嗅ぐことも終わります、
・食べること味わうことも終わります、
・認識すること、考えること、感じること、「ワタシ」という実感も終わります。

その終わりはいつ来るかわかりませんし、「死」はやって来るときにあなたと相談もしません。そのときに、まだ「五欲」が捨てられずに、「もっと見たい、もっと聞きたい、味わいたい、触れたい、ワタシを継続したい！」と執着したら、それがこの世の究極の「苦しみ」の姿で、怖ろしい輪廻を生むエネルギーの源となるのです。このような五欲、つまり、ワタシにしがみつく姿を、無智で哀れな人間の姿と見て、そのような五蘊の執着を捨てることをブッダは説いているのです。

何度も言いますが、人間は知らず知らずに、自分はいつまでも生きられると考えがちなのです。楽しいことを経験すると、次も楽しみたい、来年も温泉に行こう、あの世でも好きな人と一緒にいたい…などと、無常という真理を知らずに、永遠に五欲の満足を追い求めるのです。そのような五欲にまみれた人生の最後、臨終の瞬間は、「私は死にたくない」「もっと生きていたい」「こんなはずではない」「あの世でも生きたい」「次の世ではもっと幸福に生きたい」と、往生際が悪く、死んでも死にきれない思いで、こころが乱れているのです。「成仏できない」とは、このように五欲に執着し、こころが汚れている状態を言うのです。私、自分という感覚にしがみつき、決して「生存欲」すなわち「五欲」を手放すことがない状態を「五蘊盛苦」と、一応のところ理解していただければよいかと思います。

一期一会

さて、このように「五蘊盛苦」が真理であると納得できたとして、それを日常生活では、どのように実践的に受け止めて生活すればよいのでしょう。最初に申しましたが、この「苦聖諦」の教えは、「苦しみなさい」という教えではありません。「苦」をありのままに理解して、「苦しまない生き方」を説いたものです。先ほどの例で言いますと、もちろん温泉旅行に行ってはダメという意味ではありません。人生で起こるどんな小さなできごとも一回きりで、同じことが二度起こることはありません。有名な仏教用語の「一期一会」という言葉は、人生で起こるできごとは、どんな些細なことも一回だけという真理を説いたものです。ですから、温泉旅行を大いに楽しんだらいいのですが、その経験は一回きりで、「またもう一度」ということはないのです。

手放す

人間はいつ死ぬかもしれない「無常」のなかのひとつの現象にすぎない存在で、起こるできごとはすべて「一期一会」と真理を理解したら、その真理に則した生き方をすることが、本当の安らぎであることが見えてきます。それには、「手放す」という執着のない生き方の実践が必要です。日常に起こるどんなできごとも、うれしいことも悲しいことも、次の瞬間には「手放す」のです。すべてが無常のなかで生滅していて、「持つこと」「もう一度ということ」「執着すること」がそもそもできない、という正しい見方に立つことが肝心なのです。そのような「手放す生き方」こそが、苦しみから厭離《おんり》した安らかな生き方となるのです。

今ここで手放す

最後に注意すべきことは、「いつ手放すのか?」という問題です。たいていの人は、年をとったら老後にそんなことは考えようとか、いつかそのうちにとか、死が近づいたら考えたらよい、などと思って、真剣にそういう生き方を実践しようとはしないのです。そういう人はまちがいなく手遅れになり、何をどう手放すのか思考判断すらできなくなります。この「手放す」という生き方を実践するのは、常に「今」です。難しく考えないで、日常的にごくふつうに、自分の頭のなかに生じている思い・考え・感情を、常に「手放す」ことから実践すればよいのです。「怒り」や「欲」は、さしずめただちに猛毒と理解して捨てるのです。

苦聖諦のまとめ

人間も、他のすべての生きとし生けるものもみな等しく、幸福に生きたいと願っています。「苦」ではなく「楽」を求めて生きているということです。

仏教徒が唱える「生きとし生けるものが幸せでありますように」という、ブッダの慈しみの言葉は、「生きとし生けるものは、どの生命もみな等しく尊厳を持ち、幸福に生きるべき存在なのだ」という真理を謳っています。しかし、現実に楽に幸福に生きたいのなら、この「生きることが苦しみである」「苦は真理である」ことを達観して、人生を送ることが不可欠なのです。これが「苦聖諦」という言葉に託して、私たちにブッダが最初に説かれた真理なのです。

重ねて申します。生きることは苦なのです。ものがないと苦しい、あったらあったで苦しい、結婚できないことで苦しむ、結婚しても苦しむ、子どもがいないと苦しむ、子どもが生まれても苦しむ、仕事がなかったら苦しむ、仕事があっても苦しむ、若者も苦しむ、老人も苦しむ。そして、そのような人生の最終目的地は「死」です。人生は虚しいものです。すべての生命ははかないものです。生まれたものはかならず死にます。独りで生まれて独りで去って往きます。生は「苦」で終わるのです。これが無常という真理なのです。

しかし、真理を達観した者には、「苦」の終焉《しゅうえん》があります。こころの平安があるのです。苦聖諦を理解することは、無明の闇を超えることです。何ものにも侵されないゆるぎない自由と、底抜けの明るさがそこにあるのです。

第十章　四聖諦について

四聖諦《ししょうたい》（四諦）＝苦集滅道《くじゅうめつどう》

ブッダの教えを簡単に整理すると、四つの聖なる真理で構成されています。その四つとは「苦・集・滅・道」で、四聖諦と呼びます。

大学に入学した十代の頃、仏教学を学ぶのに、パーリ語の辞書でおなじみの水野弘元先生著『仏教の基礎知識』という本をテキストとして学びました。その本に書いてあったことは、

・仏教は人間学であること、
・仏教にはイデオロギー（主義・主張）がないこと、
・仏教は縁起を説くものであること、縁起を学ぶとは無常を見ること、
・ブッダが最初に説いた法が「四聖諦」であること、
・仏教の実践とは、「四聖諦の道諦＝八正道」であること。

おおざっぱに言うと、このような内容だったと思います。そのなかでも、「縁起」や「四聖諦」についての解説は難解で、読んでも本当に何が書いてあって、具体的な実践として何をしたらいいのかについては、まったく理解ができない状態で大学を卒業しました。

水野先生の本には、四聖諦を人間の健康と病気にたとえた有名な説明がありました。

「苦」は、病気の自覚　→　苦の自覚
「集」は、病気の原因　→　苦の原因
「滅」は、健康な状態　→　涅槃・理想の状態
「道」は、病気の治療方法　→　理想にいたる方法・修行法　＝　八正道（中道）

当時は、このような説明を聞いても何のことかチンプンカンプンでした。現実の人間の「悩み・苦しみ」とは直接関係のない、単なる知識でしかありませんでした。あれから三十年の年月が過ぎて、四聖諦の意味する内容がようやく理解できるようになりました。それは修行というより、見ること、聞くこと、考えること、日常生活の正しいあり方が説かれているのです。私が理解していることを簡単に説明します。

最初の「苦」は苦聖諦のことで、前の章で説明いたしました。いちばん大切な項目であり、「苦の自覚」、自分がまさに苦しみのなかに生存している自覚です。四諦は、前半の「苦と集」、

後半の「滅と道」の二つに分けます。前半は、苦しみの生存が続くこと、輪廻する原因と結果の法則で、「流転縁起」と呼ばれています。後半は、苦しみが消滅する原因と結果の法則で、「還滅縁起」と呼ばれています。四番目の「道」とは「八正道」のことです。「中道」とも言います。ひと言で言えば、「ありのままに見る」ことで、それ以外の何ものでもありません。

苦《く》(dukkha)	集《じゅう》(samudaya)	滅《めつ》(nirodha)	道《どう》(magga)
苦聖諦		八正道・中道	
病気の自覚(果)	病気の原因(因)	健康な姿(果)	治療方法(因)
苦の自覚	苦の原因	寂静・平安	修行・瞑想
「流転縁起」		「還滅縁起」	

四つの聖なる真理をさらに説明します。

☆苦

苦とはまぎれもない目前にある現実です。生きていることとか、感覚と言ってもまちがいではありません。苦は嫌うものではなく、排除するものでもなく、理解するものです。苦の自覚、病気の自覚。自分が混乱し、常に葛藤し、精神が乱れている自覚。愚者の自覚。悪人の自覚。人間である私が凶暴で無慈悲で、この世の生き物の嫌われ者であることを知る。このままではまちがいなく三悪道（地獄・餓鬼・畜生）に堕ちる道中にいることを知る。私自身がまぎれもなく、病に侵されて瀕死の病気である自覚です。そこまで言わなくても、と思われた方もいるかもしれません。しかし、苦の自覚、自分が病気であると認めない人には、治療の施しようもないのです。生きることは苦であることを認めず、人生はこんなものだ、私は満足していると言う人は、ブッダの教えに耳を傾けることはないのです。

【流転方向の結果】

※冥想実践で言えば、座った時点で自分の精神が混濁していることを自覚します。

☆集

苦には原因があること。苦の原因を理解すること。ブッダは苦の原因を明確に知って取り除くことで、苦しみが滅することを発見し、解脱しました。病気の原因は簡単に言えば「欲」です。無明・渇愛とも言えます。

「これあれば、かれあり」（欲があれば、苦がある）

「これ生ずれば、かれ生ず」（欲が生ずれば、苦も生じる）　【流転方向の原因】

※冥想実践で現れる妄想は、すべて悩み・苦しみが姿を変えたもので、根底に「感情」「欲」「生存欲」、なんとしても生きていたい、何かしたい、何かになりたい、じっとしていられない衝動を持っていることを観察します。

☆滅

苦を滅すること。「苦」は滅することができること。苦の寂滅状態、理想の状態、健康な姿、欲と怒りの滅尽した状態。安穏・平安。「欲」をなくせば「苦しみ」は滅するという当たり前の法則です。　【還滅方向の結果】

※冥想実践では、こころが静寂な状態、音が音として聞こえる、感覚が感覚として感じられる状態、こころが平安な状態を理解して、その状態にあります。

☆道

苦を滅する道。八正道そのもののこと。中道のことです。理想状態にいたる道、治療方法、健康法、修行方法、冥想方法、毎日の正しい暮らし方。気づき、マインドフルネス。「小欲知足」「不貪《ふとん》・不瞋《ふじん》」「あるがまま」。

「これなければ、かれなし」（欲なければ、苦もない）

「これ滅すれば、かれ滅す」（欲が滅すれば、苦も滅す）【還滅方向の原因】

※冥想実践では、ただ「ありのまま」見ること、聴くこと。ただ観察すれば滅する。時間軸では常に思考を超えた「今ここ」にあること、「今ここ」に戻ること。

以上、私が今の段階で理解している「四聖諦」について、簡単に説明してみました。これらは日常の実践的なことで、決して複雑で難解なことではありません。ただし、苦を滅する実践をすることとは、素直で謙虚に忍耐強くこれらの実践を続けていく必要があり、それは簡単なことではありません。ブッダが説かれた「苦しみをなくす実践」とは、「四聖諦の八正道」の実践です。「気づきの冥想」「ヴィパッサナー冥想」とも言います。後の章で説明する「こころを育てる実践」を経験されていない方には、何を言っているのか理解ができない部分も多かったと思いますが、ぜひ冥想の実践をしながら、ともに気づきの道を歩みたいと思います。

「欲」と「貪欲《とんよく》」について

「欲」という言葉を何度も使っていますが、「欲をなくすことなんか無理なのでは？」と疑問を持たれた方もおられると思います。確かに、生身の人間には「欲」を完全になくすことは無理だと思います。そこで、「欲」と「貪欲」の違いを説明したいと思います。

肉体を持っているかぎり、生命には「欲」が生じます。これは、生きているとお腹が減り「食べたい」、食べたら「トイレに行きたい」、疲れたら「休みたい」、身体が汚れたら「お風呂に入りたい」など、生命としての正常な働きで、このような「欲」は生きているかぎりなくなることはありません。生命としての正常健康な姿でもあります。しかし、このように生じた「欲」が「貪欲」に変化する瞬間があることを理解してください。簡単に言うと、「なんとしても○○したい」「人を押しのけてでも○○したい」というのが「欲」から生まれた「貪欲」です。

たとえば、車に乗って買い物に行くような日常活動も、「買い物へ行きたい」「○○したい」という「欲」に違いありません。しかし、これが「人を押しのけてでも行きたい」「われさきに行きたい」「私の車の前に割り込む者は許さない」となると、これは「貪欲」で、「貪欲」からは自分も周囲も不幸にする「怒り」が生じます。ですから良識のある人は、慈しみのこころを育てて与える喜びを理解し、「欲」が「貪欲」に変化しないように、こころを制御して社会生活を送っています。

仏教では「小欲知足」「吾唯足知」と言うのであり、「欲」をなくせと言っているのではありません。「欲」が生じたことも、「欲」が「貪欲」になる瞬間にも気づいて、「貪欲」はきっぱり確信と勇気を持って捨てさるのです。「貪欲」は猛毒であり、最強の神経毒なのです。このような日常の気づきの実践こそが、『四諦』＝苦集滅道の実践、仏道にほかなりません。

第十一章　こころを育てる

「こころを育てる」とは、どういうことでしょうか？　仏教の実践とか仏道修行と言っても同じなのですが、「修行」と聞くと、毎日の暮らしから離れた近寄りがたいもの、自分とは関係がないもの、ととらえがちです。仏教が好きで、お寺が身近にある人でも、修行となると、それに触れてみようと思う人は限られてきます。しかし、ブッダがこころを育てる実践として説かれたことはどれも、生きること、日々の生活と直結したことでした。

人生で本当に大切なことは、生まれた瞬間から、死にいたる瞬間まで大切なことです。たとえば、お墓参りをして、お花やお線香を先祖に手向けて感謝することは大切なことであっても、生まれたときも、死にいたる瞬間にもできないことです。ブッダがこころを育てる実践として説かれたことは、そのような特別なことではなく、いつでも、どこでも、誰にでもできることです。「見ること」や「聞くこと」がそうです。これらは難しいことではなく、死ぬまでいつでもできることです。そして、いちばんに説かれたことは、「ありのままを見る」「ありのままを聞く」ことです。これは複雑なことではありませんが、簡単とも言えません。「見ること」や「聞くこと」は、「理解すること」とは違います。うなずいたり、納得することとも違います。ただ聞く。いっさいの努力は要らないのです。こころのおしゃべりもしないで、ただ聞くということです。

ブッダが説かれた「こころを育てる実践」は、どれも日常の暮らしに密着した身近なことです。そして、その実践を八つの正しい道として説かれました。それは苦しみを滅する道です。それが仏道であり、八正道（中道）と言います。

①正しい見方　ありのまま見ること、ありのまま聞くこと。無常を見ること。原因と結果の法則を理解すること。
②正しい思考　毎日いつでも起こる思考を正すこと。善い思考をすること。
③正しい言葉　嘘や悪口、欲や怒りからの言葉、むだ話をしないで、幸福の道を歩むこと。
④正しい行動　道徳を守って、他の生命に害のない行動をすること。
⑤正しい生活　こころを育てるための正しい仕事をする。正しい生計を立てる。
⑥正しい努力　人間に生まれる悪いこころに負けないよう、たゆまぬ努力をすること。
⑦正しい気づき　気づきの実践は不可欠。まずは身体と感覚に気づく実践から始める。
⑧正しい集中　苦しみを滅するには、正しい集中力が必要。

さらに要約すれば、見ること、聞くこと、考えること、話すこと、行動、仕事を正しく整え、道徳を守り、まっとうに生きることにほかなりません。この最も基本になることが正常で健全になるだけで、およその不幸を回避することができるようになるのは、当たり前の原因と結果の法則なのです。

こころを育てる必要性について

こころを育てることとは、毎日一緒にいて、家族より長くつきあう「こころ」の扱い方で、とても大切なことなのです。「こころを育てる」ことをパーリ語で、bhāvanā バーヴァナーと言います。「育成法」とか「修行」のことです。仏教で言う「こころを育てる」とは「冥想」のことです。別な表現では、「ありのままに見ること・聞くこと」で、「正見」であり、「八正道」であり、「中道」です。「気づき」と表現してもまちがいではありません。状況によっていろいろな表現を使いますが、これらはすべて同じひとつのこと、つまり、「こころの育成法」であると理解してください。また、これらは決して日常の生活から離れた特別なものではありません。生きることそのもののことです。「余すところなく生きる」ことと言ってもよいでしょう。

世のなかには、同じように生まれても、犯罪者や人生の落伍者になってしまって、哀れな晩年を送るはめになる人もいます。そこまでいかなくても、幸福でない人はたくさんいると思います。そのような人たちは、結局のところ、この「こころを育てる実践」をしていなかった、ということになります。人生を失敗する人の特徴は、「こころのささやきのままに生きてしまった人」「感情を野放しのまま生きてしまった人」と言うことができます。

ブッダの言葉から「こころの扱い方」の基本を学びましょう。（法句経より）

「こころはつかみどころがなく、すばやく、好きなところに行く、こころをしつけることは善いことです。こころを育てたなら、幸福にいたる」　三五

「こころは見えがたく、繊細で、しかもわがままです。智慧のある人はこころを育てなさい。こころを育てたなら、幸福にいたる」　三六

「こころは遠くにも行き、勝手に動く、身体にあって身体にない。こころを自由にコントロールする人は、生死を超えた平安にいたるでしょう」　三七

今まで「こころを育てる」という意識のなかった人には、最初は少しなじみがたいかもしれませんが、これからは可能なかぎり、日常的に「こころを育てる」ことをこころがけましょう。

まず、なぜ「こころを育てる」必要があるのかについて説明します。それには、辛らつな話になりますが、こころを育てないとどんな結果になるかを先に話しましょう。

私たちの社会では、老人性痴呆症、ボケ老人の問題が大きな社会問題になっています。私の住む小さな村でも、多くの方がご自身のボケ、親のボケのために、多大な苦労をされています。日本国中では、どれだけ多くの人が、このボケの問題を抱えて困っておられることでしょう。この老人性痴呆症、ボケ老人の原因の九〇%以上が、じつは「生活習慣」であると、臨床的に老人性痴呆症の患者を診ている医師が発表されています。その医師によると、ボケの大半は、脳の廃用性萎縮と言われている「ぐうたらボケ」で、つまり、使われない脳が委縮して機能しなくなるのが、老人性痴呆症の正体だと言うのです。

自然界に生息する高度な知能を持たない生命でも、死ぬ間際までしっかりとボケることなく生きているのに、人間のこのありさまはいったい何がどうなっているのでしょうか。ペットや動物園で人間に飼育されている哺乳類などには、人間で言う老人性痴呆症やボケ老人に似た症状が現れると言われています。こういった現象は何を意味しているのでしょう。飼育され、餌を探す必要もなくなり、脳を使う必要がなくなって、脳が委縮する。幸福ボケとでも言うのでしょうか。人間に支配され、人間の思考・知識に依存し、人間社会に依存し、自分の脳を使わなくなり、やがて生命としての本能・野性を失う。すると結果的に、このような精神の病気になるようです。

結局、痴呆症やボケの原因は脳を使わなくなったことであり、生命として余すところなく生きることをしなくなった、つまり、人間の場合では、「こころを育てなかった」ことにあると考えられます。もっと的確に言えば、病因は、その人の生き方であり、思考習慣であり、意志や精神そのものです。老人性痴呆症の症状や原因になる思考習慣、考え方の特徴を整理してみましょう。

・生きることを楽しむ、人生を楽しむことを知らない。
・無気力、無感動で、感性の乏しい生き方。
・無表情で何ごとにも意欲がない。
・毎日同じで、発見のない生活。同じことを繰り返し話したり、尋ねたりする。
・生きがいや、やりがいを感じない。
・左脳偏重型、感性より知識に依存する傾向。
・人の話や意見を聞かない。
・根気がない。
・自分の思考（妄想）のなかで生きている。
・習慣的、反射的思考のままで、今を生きていない。
・過去に終わったことと、未来の不安に生きていて、今がない。

さらに、このような生活が続くと、次のような症状に進行します。

・時間や月日がわからない。
・季節感が乏しく、服装が適切でない。
・食事をしたことを忘れる。
・お金や持ち物の置き場所を忘れ、「盗まれた」と騒ぐことが増える。
・今いる場所が理解できず、家と病院の区別もできない。
・自分の家族がわからない、自分が誰かわからない。
・意味不明の言葉を繰り返す。
・大小便の失禁があったり、始末ができない。
・肉体は生きていても、こころが死んでいる状態。

このような重度の痴呆症まで進行すると、回復は難しいと言われています。せっかく生きた人生の晩年がこのようになってしまっては、本当に人間として生をうけた意味が何であったのかと身につまされる思いがします。このようなボケ老人になりたいと言う人はいませんが、誰もが自分もそのような姿になるかもしれない不安を持っていることと思います。しかし、いたずらに不安を持つことは何の解決にもなりません。ブッダの教えによると、これらすべてには原因があるのです。その事実を理解し、原因を取り除くことで、人間としての健康正常なほんらいの姿に立ち返ることができるのです。その実践こそが、仏道（八正道）で、ここで言う「こころを育てる実践」のことです。

ですから、動物園の動物なら話は簡単です。若くて元気なうちに自然に帰してやれば、自ずと問題は解決します。根本原因が人間の思考ですから、人間から解放すれば、自分の脳を使うようになり、野性を取り戻すことでしょう。人間の場合は、このようなわけにはいきません。人間の思考習慣、条件づけから自由になるために、「生命とは何か？」を学び、こころを成長させる必要があるのです。仏教で言う「こころを育てる実践」とは、「人間の思考から自由になる」ことです。これはそもそも宗教的なこと、信仰ではなく、こころの扱い方、「こころの科学」に違いないのです。

〈かくしゃくとした老人から学ぶこと〉

私には、もうすぐ九十歳と八十三歳になる両親がいます。二人とも健康で、いまだに現役です。父は毎日本堂で経を読み、檀家にお参りに行って法事もこなします。母は車の運転もして、孫と三人分の食事の用意から、買物・洗濯・家事全般のほかに、寺の作務も十分に果たしてくれます。寺にかかわる、のべ千人くらいの人の名前や家族構成、先祖を理解して、おおむね適切に対応してくれます。私と同じ世代の者で、私のように両親の介護をしたことがなく、いまだに世話をしてもらっている人はまれです。

このような健康でかくしゃくとした老人の姿、生き方には、学ぶべき点がいくつもあります。そのような人は、本人の意識とは関係なく、自然に「こころを育てる実践」が日常のなかに組み込まれていて、そのような原因があって、結果として健康正常な人間としての姿があるのだと思います。このように元気に老いることができる人は、二十一世紀の文明人であっても、飼いならされた人間ではなく、人間ほんらいの野性的な資質があります。つまり、自分の考えがあり、生き生きと自分の脳を使い、他に依存することなく、人のせいにすることなく、好きなものを食べ、好きな人と暮らし、独りで歩む一個の生命で、野性的文化人として淡々と生きているのです。

こころを育てるとは？

「こころを育てる」とは、どういうことでしょうか。子どもの成長を見てみましょう。生まれたばかりの赤ちゃんには、理性や智慧はありません。あるのは「感情」だけです。泣く、笑う。赤ちゃんには生まれたときからすでに、「感情」だけはあります。それは、仏教では根本煩悩と言って、輪廻のエネルギーそのものです。不思議な話ですが、前の生でその感情を最終的に完全に手放すことができなかったので、再び生を得たというのが仏教の見方なのです。そして、その赤ん坊を感情のままに放っておくと、とんでもないことになります。まず生きられないでしょう。たまたま生き延びても人間性は育ちません。

〈こころを育てるとは、感情をコントロールすること〉

人間の成長とは、感情をコントロールして、理性に変えていくことと言えます。お母さんの子育ても、子どもに感情の扱い方を教え、「これはしません」「これをしなさい」と、感情のままわがままに生きるのではなく、理性で生きることを教えるのです。

昨日、私は歯医者さんに行きました。冷たい水がしみるので治療してもらいました。なにかドリルのような道具で、高い金属音を立てて患部を削っています。ときどき神経にさわって、一瞬の激痛が走ります。幼児の治療はたいへんだと想像します。感情のままに泣いて暴れる子もいるでしょう。大人の私でも、痛みを嫌い、不愉快な「感情」をハッキリと確認できます。しかし、その「感情」はあっても、ただひたすら痛みを我慢して、早く終わることを念じ、ハンカチを強く握って、治療しやすいように大きな口を開いて静かにしています。ふつうの大人なら、誰でもできることかもしれませんが、このような日常的なできごとを見ても、感情が幸福に導くのか、感情を制した理性が幸福に導くのかは一目瞭然です。誰かに、「感情的に生きたいですか？」「理性的に生きたいですか？」と問えば、感情的に生きたいという人はいないはずです。

しかし、たいていの人は、その感情を制してこころを成長させることを、肉体が成長したら同時に完了したと思って、やめてしまうのです。本当に幸福に生きるためのこころの成長は、肉体の成長が終わった成人が、そのスタート地点です。しかし、そんなことは知らずに、知識や技術を得るほうが幸福で豊かに生きられる、と思い違いをします。

・こころの成長より、知識、学力や技術を身につけるほうが大切、
・こころの成長より、お金と経済的な成功を得るほうが大切、
・こころの成長より、地位や権力を得るほうが大切、
・こころの成長より、肉体の美しさと異性にもてるほうが大切、
・こころの成長より、健康や長く生きることのほうが大切。

このように、「こころの世界」より「物質的な世界」が大切という考え方の結果、こころを育てることなく、人生がとんでもない方向に進み、こんなはずではなかったと後悔する人が後を絶たないのです。幸福の章でお話しした、「幸福感」と「幸福」の違いがわからないのだと思います。

また、「こころを育てる」とは、精神を空っぽにすることと言えます。狭い部屋に荷物が山積みになっていると、足の踏み場もなく、新しいものを受け入れることはできません。こ

ころの世界が感情や知識でいっぱいだと、新しいものを受け入れることができないし、人の話が聴けないのです。これまでは、何かを学び体得するときは、何かを得る、吸収する方向で考えたと思います。ところが、「こころを育てる」ときのアプローチの仕方は、今までとは反対で、キーワードは「**何もしない**」「**考えない**」「**離す**」「**手放す**」「**捨てる**」「**努力しない**」です。何もしないという、いまだかつて経験したことのない、強烈な刺激を体験することでしょう。

それでは、日常的で実際的な実践について説きたいと思います。

第十二章　こころを育てる実践［慈しみの冥想］

二種類のこころを育てる実践・二種類の冥想

現実に生きている私たちには、さまざまな悩みやストレス、「苦しみ」が今あります。ですから、「十年計画でこころを育てよう！」では、手遅れで役に立ちません。今すぐに時間をかけずに「こころを育てる」必要があります。つまり、完全に病気が治るまでの緊急処置が必要ということです。その緊急の治療方法が、ブッダが説かれた『慈しみの冥想』です。人格を完成させて悟りにいたる完全な治療は、「ヴィパッサナー冥想（気づきの冥想）」で、後の章で説明します。

「慈しみの冥想」は簡単に言えば、こころに今すぐ「喜び」の波動をつくることです。こころに一瞬でも「喜び」や「優しさ」の波があるあいだは、絶対に「怒り」や「欲」が生じることはないのです。ですから、瞬間的にこころに「喜び」や「優しさ」の波を起こして、それを継続させるトレーニングが「慈しみの冥想」です。この冥想は実践すれば実践した分だけ、効果がすぐに現れる特効薬です。苦しみの原因となる「怒り」や「欲」が、一瞬でもこころに生まれることがないように、こころを守るのです。しかし、やめればすぐに効果もなくなるので、継続して毎日実践することが大切です。

慈経《じきょう》　メッタスッタ

みなさんは世界の仏教徒のなかで最も親しまれて、頻繁に読まれている経典は何だと思いますか？　日本人なら「般若心経」を思い浮かべる方も多いと思います。しかし、アジアでもヨーロッパでも、北米南米の仏教徒にも、世界の仏教徒に最も親しまれている経典は、『慈経』だと言えるでしょう。

『慈経』という経は、残念なことに、日本の仏教徒にはなじみのうすい経なのですが、スッタニパータと呼ばれる最古のパーリ語経典に含まれています。日本では、二十世紀になってようやく、中村元先生が岩波文庫で「ブッダのことば」として、翻訳し紹介してくださいました。その第一章　蛇の章　八、「慈しみ」が慈経のことです。この経典は、お釈迦さまの在世時にすでに成立していた可能性の高い、由緒正しい経典です。ちなみに、私たち日本の仏教徒になじみのある、般若経典・浄土経典・法華経などの大乗経典は、お釈迦さまが入滅されて五百年以上のちの紀元前後に、北インドと中国の境辺りで創作されたものです。したがって、このスッタニパータは、法隆寺に伝わるサンスクリット語版木の般若経よりも、さらに約五百年古く、実際のお釈迦さまの言葉に最も近い経典と言えます。

インターネットやYou-Tubeで、「慈経」「メッタスッタ」で検索されたら、さまざまなデータや音声画像が得られると思います。最初にまず、「慈しみの冥想」の原点になっている『慈経』の全文を日本語訳で紹介いたします。「仏説」という言葉がありますが、これこそ正真正銘のブッダの言葉としてお読みください。

※日本テーラワーダ仏教協会で使われている日本語訳を紹介します。

〔慈経《じきょう》　metta sutta《メッタスッタ》　スッタニパータ　一四三～一五二〕

一、目的をよくわきまえた人が、静かな場所に行ってなすべきことがあります。何ごとにもすぐれ、しっかりして、まっすぐでしなやかで、人の言葉をよく聞き、柔和で、高慢でない人になるように。

二、足ることを知り、手がかからず、雑務少なく、簡素に暮らし、もろもろの感覚器官が落ち着いていて、賢明で、裏表がなく、在家に執着しないように。

三、智慧ある識者たちが批判するような、どんな小さな過ちも犯さないように。幸福で平安でありますように。生きとし生けるものが幸せでありますように。

四、いかなる生命であろうともことごとく、
動きまわっているものでも、動きまわらないものでも、
長いものでも、大きなものでも、中くらいのものでも、
短いものでも、微細なものでも、巨大なものでも、
五、見たことがあるものもないものも、遠くに住むものでも、近くに住むものでも、
すでに生まれているものも、卵など、これから生まれようとしているものも、
生きとし生けるものが幸せでありますように。
六、どんな場合でも、ひとを欺《あざむ》いたり、軽んじたりしてはいけません。
怒鳴ったり、腹を立てたり、お互いにひとの苦しみを望んではいけません。
七、あたかも母が、たったひとりのわが子を、命がけで守るように、
そのようにすべての生命に対しても、無量の［慈しみの］心を育ててください。
八、慈しみの心を、すべての生命に対して、限りなく育ててください。
上に、下に、横（まわり）に棲むいかなる生命に対しても、
わだかまりのない、怨みのない、敵意のない心を育ててください。
九、立っているときも、歩いているときも、座っているときも、あるいは横になっていて
も眠っていないかぎり、この慈悲の念をしっかり保っていてください。
これが梵天（崇高なもの）の生き方であると言われています。

十、［このように実践する人は］まちがった考えを乗り越え、常に道徳を保ち、正見を得て、
もろもろの欲望に対する執着をなくし、
もう二度と母体に宿る（輪廻を繰り返す）ことはありません。

慈しみの冥想

こころ静かに『慈経』を読むことも慈悲の冥想です。慈しみの冥想の方法は、自分に合った慈しみの言葉を、繰り返し読むことから始めるといいと思います。呪文のように読むのではなく、意味を理解して、こころに染み込むように、毎朝繰り返して読むのです。

「読むだけでいいの？」と思われる方もおられるかもしれませんが、たとえば前にブッダの真言として説明した慈経の一句、「生きとし生けるものが幸せでありますように」というフレーズをこころに念じるだけでも効果があります。これは、不可思議なパワーがあるとか、呪文の効果があるというのではなく、この言葉の中身が真理なので、意識しなくても、自然とこころに入っていくということなのです。その効用は少しずつ感じていかれることと思います。

「生きとし生けるものが幸せでありますように」(Sabbe《サッベー》 sattā《サッター》 bhavantu《バワントゥ》 sukhitattā《スキタッター》)

この言葉を嫌がる生命はいません。
この言葉の意味を理解して念じている瞬間に、こころが汚れることはありません。
この言葉を念じて、腹を立てたり、人に嫌がらせはできません。
この言葉を念じ続けると、本当にこころがその方向に成長します。
この言葉を念じ続けると、生き物を殺せない、嘘をつけない人になります。
この言葉を念じ続けると、こころに安らぎが生まれ、智慧が育ちます。
この言葉を念じ続けると、慈しみのこころ、四無量心が育ちます。

次に、テーラワーダ仏教協会の「慈悲の冥想」文も紹介しておきます。

『慈しみの冥想』　日本テーラワーダ仏教協会版

私は幸せでありますように
私の悩み苦しみがなくなりますように
私の願いごとがかなえられますように

私に悟りの光が現れますように
私は幸せでありますように（三回）
※「私は幸せでありますように」と心のなかで静かに念じます。

私の親しい人々が幸せでありますように
私の親しい人々の悩み苦しみがなくなりますように
私の親しい人々の願いごとがかなえられますように
私の親しい人々に悟りの光が現れますように
私の親しい人々が幸せでありますように（三回）
※「私の親しい人々が幸せでありますように」と心のなかで静かに念じます。

生きとし生けるものが幸せでありますように
生きとし生けるものの悩み苦しみがなくなりますように
生きとし生けるものの願いごとがかなえられますように
生きとし生けるものに悟りの光が現れますように
生きとし生けるものが幸せでありますように（三回）
※「生きとし生けるものが幸せでありますように」と心のなかで静かに念じます。

私の嫌いな人、私を嫌っている人々も幸せでありますように
私の嫌いな人、私を嫌っている人々の悩み苦しみがなくなりますように
私の嫌いな人、私を嫌っている人々の願いごとがかなえられますように
私の嫌いな人、私を嫌っている人々にも悟りの光が現れますように
生きとし生けるものが幸せでありますように（三回）

※「生きとし生けるものが幸せでありますように」と心のなかで静かに念じます。

慈しみの効用

①〈よく眠りよく目覚める〉悩みや心配ごとが少なくなるので、安心して眠れます。起きるときもスッキリと起きられる。

②〈病気になりにくい、なっても治りやすい〉病気にならないということはありません。それは欲です。なっても、まあたいしたことはないと気楽に対処できるので、治りやすい。肉体は壊れていくものと知って、楽に生きられる。

③〈人間以外の生命に好かれる〉すべての生命に対して敵対するこころがなくなるので、地獄・餓鬼・畜生から神々の世界、梵天の世界まで、幽霊であろうと、どんな生命からも好かれる。

④〈神々が守ってくれる〉 神さまの存在は問題にしていませんが、仮に神さまがおられるなら、神さまはどんな生命を好まれるでしょうか？ 自分の都合で、願いごとや頼みごとばかりする人を好まれるはずはありません。神々も、他の生命に優しく自我のない人が好きで、そのような生命を守ってくれることでしょう。

⑤〈災害に困らない〉 災害に遭うことは好みませんが、それは仕方がないことです。慈しみのこころがあれば、災害に遭ってもこころが暗くはなりません。ブッダの言葉に、「火も毒も武器も、慈しみの実践者を襲うことはない」とあります。

⑥〈こころが落ち着く〉 慈悲のこころを育てている人は、深い海のような、広い大地のような安定したこころを持っています。何が起こっても混乱することはなくなります。

⑦〈ボケずに死ぬ〉命が終わるときに、ボケることなく、混乱することなく、こころが明瞭な状態で、安らかに死を迎えることができると説かれています。

慈悲のこころを育てたら、うまくいけば解脱、そうでなくても天界に往生すると言われています。決して現生利益を説くものではありませんが、病状が劇的に回復の方向に進みだしたという声も聞きます。信じず疑わずに実践しながら観察し、人格の完成を志してください。

第十三章　ありのまま見る、ありのまま聞く

日常の実践では、「こころを育てる」とは、こころが穏やかで、ものごとをありのままに見る観察力と「気づき」を意識的に育てることです。「あるがまま」のものが「ありのまま」に見える、そのようなこころの状態をつくることが「こころを育てる」ということです。

「冥想」とか「マインドフルネス」とも言います。ここでは、おもに「冥想」という言葉を選び、こころを育てる具体的実践の説明をします。「冥想」と聞いて、関心のない人、経験のない人は、かえって近寄りがたく感じてしまうかもしれませんが、ここで説明する「冥想」は、あなたの知っている「冥想」や、「修行」という言葉のイメージするものではありません。「冥想」はなにか特別なことではなく、ありのままにものごとを見ること、ありのままに聞くことです。とても身近なことで、いつでも実践できて、こころが軽やかで自由になって、楽に生きられることと理解してください。子どもの頃に戻って、ただ遊ぶことにも似ています。ブッダが説かれた、唯一の幸福にいたる身近な実践法でもあります。

それでは、最も基本的な「見ること」と「聞くこと」について説明します。「見ること」「聞くこと」は、それ自体が浄らかで、我がない、完成された行為で、世間で言う「見ること」「聞

くこと」とは質の異なった、「ありのまま見る」「ありのまま聞く」という意味です。「見ること」「聞くこと」そのこと自体に、揺るぎない安らぎ平安があり、こころの自由があるのです。

見る

「見る」「ただ見る」「ありのまま見る」「事実を見る」「見る冥想」と言ってもかまいません。「見る」こと、「見える」ことが、どんなことなのかと考えたことがありますか？　あまりにも当たり前すぎて、考えようと思ったこともないのではないでしょうか。身近なことなのですが、たいへん興味深い現象です。この「見ること」や「聞くこと」を楽しめたら、ほかの娯楽はいらなくなります。いつでも幸福になれます。

「見る」と言っているのは、この「見る」ことがどういうことなのか、何が起こっているのかとこころを静かにして観察することです。お釈迦さまの説かれた八正道の一番目の「正見」のことです。「正見」は、ありのまま見る、自分の感情は棚に上げて、淡々とあるがままを見ることです。何を見ても何を聞いてもおもしろいと思える、明るい純粋なこころに立ち帰ることにも似ています。このおもしろさ、興味深さは、生まれつき盲目で「見る」ことを経験しなかった人が、生まれて初めて、「見る」ということをした体験にも似ています。なぜなら、今この瞬間は一度しか存在せず、人生で起こっていることは、どんな些細なできごとも常に一回きりというのが、まぎれもない真実だからです。

見ることは理解することではない

「見ること」は、「理解すること」や「判断すること」とは違います。言葉が違うように、まったく別の次元で起きていることです。ふつう多くの人は、「見る」と「判断する」が無意識に癒着していて、仏教ではこの癒着が苦しみの根本原因とまで説いています。

日常生活では、「花を見る」「映画を見る」と言えば、花を見て美しいと感じることや、映画を見て興奮することをも含んでいます。そのような見た後に思ったこと、感じたことを含まず、ここで説明している冥想としての「見る」は、「ただ見る」それだけのことです。そして、その次のステップは、「見て」自分のこころに起こる「変化」をありのままに観察することです。この二つのステップは、とてもシンプルなことなのですが、簡単すぎて、変化が速すぎて、どうなっているのか最初は理解できないかもしれません。ただ、ありのままに見ることなので、今この瞬間にもその冥想ができます。目の前にあるものをただ見ればよいのです。

「ありのまま」とはどういうことでしょうか。「事実」と言っても同じです。私たちはいつも、何を見ても思考し、反射的に判断し、その思考が連鎖反応して止まりません。考えているときは、すでに「見る」は終わっています。ですから、ふつうの人が「見る」と言っているのは、じつは「見ていない」ことで、ありのままを見ずに「考える」ことを「見る」と思い違いしている場合がほとんどです。

私たちがこころの底から望んでいる「自由」とは、結局この自分の思考や知識からの自由です。何を見ても、何に触れても、条件反射のように起こる思考には何ひとつ自由はないのです。冥想とは自分の思考、過去の記憶、条件づけからの自由なのです。目の前に何か対象があって、その対象を見て、「ペットボトルである」と判断するスピードは、光速のように速いでしょう。「ペットボトル」と判断した瞬間は、まず対象を見ることはしていないはずです。思考が働くと「見る」はないのです。しかも、これらが無意識になされていることが問題なのです。「見て、すぐに考える」ということが習慣化し、条件づけされているので、その条件づけに気づかないのです。ですから、「見る冥想」は、思考を使わずに「ただ見る」練習です。見て、すぐに思考し、過去の記憶・知識を引っ張り出し、「欲」や「怒り」の感情が噴き出したら、完全に「アウト」です。

何ごとによらず、「私はわかった」「私は知っている」と思う人は冥想できません。「無常」といって、この世のすべてが常に「変化」しています。変化し続ける対象を「わかる」ことはありえないのです。自分のこころも常に変化し、あらゆるものがものすごい速さでダイナミックに変化し続けています。この「変化」を、思考を使わずに、ありのままに観察するのです。自分のこころで実際に起こることなので、難しいことではありませんが、意識を「今ここ」のこころに集中させないと冥想にはなりません。

私たちが見ている世界は、結局のところは脳内現象です。「見る」ことは目の機能ではなく、脳の機能であって、脳の出先器官が「目」なのです。見る冥想は、自分という小さな枠組みを超えて、この世界と脳内現象の実相をありのまま見ることです。

対象を使った冥想

簡単な例で説明します。あなたの身近にある野菜や果物、何でもいいのでひとつの対象を選んでそれを目の前に置きます。ミカンを例にとって考えてみましょう。ミカンを前に置いて、見てみます。ただありのままを見る、思考をはさまずに見る、それだけです。

さて、こころに何が起こったでしょうか？　まず、「ミカン」という名称が瞬時に浮かんだでしょう。これは「知識」とか「記憶」というもので、すでに思考が働いています。見ていると、オレンジ色が美しいことや、小さな凸凹、微妙な色の違いや細かい模様など、いろいろな質感が見えてきます。ミカンを見るだけでも、たくさんの発見があり、それを楽しむ自分にも出会います。ミカンを見ていたら、中を見てみたいという気持ちや、食べてみたいという気持ちも浮かんだりします。私があれこれ考えることと、ミカンそのものとは何の関係もありません。これらは、ミカンを見て私が考えたこと思ったことです。ふだんはそのようなことも、ミカンのこととしてとらえていますが、自分が勝手につくった感情で、ミカンにそれらは付いていません。ミカンの質感でさえ、私がつくったイメージであり、ミカンそのものとは、関係がありません。このことはなにげないことですが、非常に重要なことです。

さらに見続けます。光っている部分や陰の部分もあり、裏側はまったく見えません。そのうちに、じつはそのミカンと今初めて出会ったという事実が理解できます。まさに一期一会です。なぜ「ミカン」と呼ばれているのかが不思議に思え、「ミカン」という名前も、目の前のそのモノ自体には付いていないことが発見できます。「ミカン」という名前を付けていたのは、私だったのです。それはいったい何モノなのか？「あるがまま」のモノとしか言えなくなります。なんと不可思議なかたち、不可思議な色をした、不可思議な存在なのでしょう。どのようにして、この世に生じたのでしょうか？　どこで生まれ、どのようにしてここまで運ばれてきたのでしょうか？　誰が、いったい何人の人がこのモノに関わったのでしょうか？

ここに書いたことは、私がミカンを見て、実際に私のこころに起こった現象（思考）です。そうして、それらのことに一つ一つ明確に観察して気づいています。たとえミカンのような果物であっても、その対象と真剣に向き合う誠実さが必要です。このように短い時間でも「見る冥想」で対象に向き合うと、「ミカン」に対する一種の敬愛すら生じてきます。一つ一つがありのままに存在していること自体が、美や愛と呼ぶものではないでしょうか。

さらに、見る冥想を続けたなら、不可思議な世界が見えてくることでしょう。見ている対象がどこにあるのか、本質的な問いかけが浮かんできます。見ている「ミカン」は、どこにあるのでしょうか？　外の世界にある物なのか？　自分の脳にあるモノなのか？　実体なのか？　現象なのか？　見ている世界は平面なのか？　立体なのか？　空間は存在するのか？　なぜ色があるのか？　見ているのは光なのか？　対象なのか？　対象は本当にあるのか？　見るのに思考は必要なのか？　時間は必要なのか？　時間とは何なのか？　「ある」というのは事実なのか？　自分の思考なのか？　そもそも「ある」とはどういうことなのか？

これらの疑問は、何かしらの情熱がないと浮かんできません。情熱とは、「私は知らない」という謙虚さのことで、自分のこころの狭量さを知らなければ、この情熱が生まれることはありません。答えを求めることなく、たくさんの疑問を持つことはとても大切なことです。疑問を持てば持つほど、いかに自分が小さな世界に閉じ込められ、それでいてすべてを知っていると思い込んでいたか、自らの愚かな姿が浮き彫りになります。

やがて発見することは、「ミカン」に関して私は何も知らない、という事実です。そうして、そのような本質的な問いかけをした後は、放っておいて、もう一度「あるがまま」を見るに戻ります。そのとき目の前にある物は、先ほどのそくざに「ミカン！」と反応した対象とは違った不可思議な物体として、目の前に存在すると思います。

ほんの短い瞬間でも、一分、十分でも、好きなときに好きなだけ、あらゆる対象について、「見る冥想」を実践してみてください。電車に乗っているときに自分の手を見て冥想できます。

一瞬でも実践できます。そのうちに、ただ「見ている」瞬間、生じた思考を観察している瞬間、それ自体が自分のこころの静寂であることに気づくと思います。答えは求めても得られませんが、問い続ける誠実さがあれば、真理は向こうからやって来るものなのです。

聞く

あなたは今までに、深い安らぎとこころの静寂につつまれて、ただ「聞く」ということを体験したことがありますか？　何かを聞くわけでもなく、努力なくただ耳を傾ける。すると不思議なことに、あらゆるものが聞こえてくるのです。今この瞬間も、遠くの踏切の遮断機の音、鳥のさえずり、風にゆられる笹の葉の音、雨の音、近くのストーブの音、お湯の沸く音、石油タンクの泡の音、自分の耳鳴りや体内の微かな音…、あらゆる音が選択なく現れては消えています。このような静かな精神の祝福を、あなたの人生においてたった一度でも体験したら、その体験はあなたの人生観を根底からひっくり返すほどのエネルギーを有していることに気がつくでしょう。日常的になっている激しい感情や刺激をともなう体験が苦痛にすら感じるようになり、「見ること」「聞くこと」の本質に触れるのです。

光があること、空間があること、足や手、首筋に何かが触れて、暖かさや涼しさを感じること、空気の流れがあり、絶えず変化して私をつつんでいることに気づきます。生まれて初めて、身体という不思議な物体があり、それに感覚というものが生じては消えて生滅を繰り返していることを体験します。このような体験には、時間も思考も必要ありません。その瞬間には「私」と言える何ものもありません。ただ「あるがまま」のものがそこにあるのです。私のこころのなか、精神に空間ができたのです。空いた空間には自由があり、容量は無限大です。こころに心配や悩みを抱えていて、何もない空間と自由がなければ、このような単純で純粋な「聞くこと」は起こらないのです。

それが起きるのに、長い時間の修行が必要なわけではありません。血のにじむような努力の結果得られる境地でもありません。純粋で静かな精神があれば、誰にでも起こる当たり前のことなのです。ただその瞬間があまりにも短い刹那なので気づかず、その宝石を観察し、こころをそこにとどめることが難しいのです。

「ありのままを見る」ことをじゃまするのは「思考」

「ありのまま見る」ことをじゃまするものがあります。それは言葉であり思考です。妄想の連続で時間が生じて、「ありのままを見る」ことから離れます。じつに、冥想をじゃまするのはあなた自身であり、あなたの「思考」です。こころを育てる冥想で、いちばんの敵はほかの誰でもない自分自身なのです。この思考にじゃまされないためには、ともかく「思考に気づくこと」

それだけです。自分が思考していることに気づいたら、ただちに「思考している、思考している」「考えている、考えている」とこころに念じてください。そうすれば消えてしまいます。何度も何度も現われますが、気づいたら念じる、これの繰り返しです。冥想しようと静かに座ったのに、気づかずに、考えごとにスッポリと入り込んでいても問題はないのです。気づいたとき「妄想、妄想、妄想」と念じて手放す、これが基本です。

この自分の思考とのつきあいは、親より伴侶より長く、死ぬまで続くものです。ですから、最初から根気よく「気づいたら、念じて捨て」、淡々と人生の終わりまで続けたらよいのだと理解してください。どんな嫌な思考も、楽しい思考も、有意義と思える思考も、それらと真正面から闘う必要はないのです。基本はその思考（記憶や感情）に気づくことです。「気づいて観察すれば消える」。これは、ブッダが発見した縁起の法則の根本と言ってもいいでしょう。「これあれば、かれあり。これなければ、かれなし。これ滅すれば、かれ生ぜず」というように、およその「苦しみ」は、最初に起こった思考それ自体に気づき、気づけば消滅するのです。はじめは納得できないかもしれませんが、繰り返し、繰り返し、ただありのままを見る、観察することを実践すれば、「苦しみ」（対象）と闘わずして勝者となる理が体得できると思います。なぜならもともと自分でつくったものだからです。

聞くことについて

もう一度「聞くこと」を整理しましょう。なぜ人の話を聞くのでしょうか。生まれてからずっと無自覚に使ってきたこの機能は、いったいどのような仕組みになっているのでしょう。

広辞苑では、『広く一般には「聞」を使い、注意深く耳を傾ける場合に「聴」を使う』という記載があり、「聞く」と「聴く」を分類しています。後者の「聴く」は、意味どおりの「傾聴」と言ってもいいでしょう。そこにもうひとつ、冥想としての「聞く」、「ありのまま聞く」を加えて、三つに分類して整理してみます。

一、ふつう世間で言う「聞く」。聞いて理解することを含んだ「聞く」。
二、傾聴すること。こころを対象に向けて注意深く「聴く」。
三、ただ聞く、ありのまま聞く、考えずに聞く、努力なく聞く。自分のなかに中心なくただ聞こえてくるままに、選択なく聞く。マインドフルに聞く。

同じ言葉でもこのような違いがあります。ありのままに聞くとは、ひとつの対象にフォーカスすることなく、五感のあらゆる対象にこころが開かれている状態です。対象が「音」(聴覚)に限られず、眼耳鼻舌身意のすべてが解放されていて、感覚に触れるものすべてを選択なく聞くことです。このとき感覚に触れるものは、音も光も皮膚の感覚も同格で、厳密には「聞く」というより、ありのままの「感覚」としたほうが適切かもしれません。

たいていの人が日常的に使う「聞く」は、一つ目の「聞く」で、関心のある対象だけ聞いて、反応して理解し、何かしらの行動を生む「聞く」です。親や先生が子どもに向かって、「私の言うことを聞きなさい」と言うとき、その聞くは、聞いたことをそのとおりに実行しなさいということが含まれています。当たり前のように、「聞く」＝「理解する」→「行動する」といった一連の流れが含まれていて、条件づけされています。

第十四章　気づきの冥想（マインドフルネス）

マインドフルネス

「マインドフル」「マインドフルネス」という言葉を聞いたことがありますか？　もともとは、ブッダの説かれた「気づきの冥想」「目覚めること」です。そのこころの状態や実践を、英語では、マインドフルネス mindfulness と表現しています。「禅」とか「冥想」と聞くと、何かしら先入観を持ってしまい、肩に力が入ってしまいがちなので、この「マインドフルネス」という言葉のほうが、かえって本質がわかりやすいと思います。マインド＝こころ、フルネス＝全開、といった意味合いでしょうか。こころを全開にして、すべてをありのままに受け入れられるこころの状態ということでしょう。

マインドフルネスは、意識的に今の瞬間、刻々と変化する今の瞬間のできごとに、判断を加えず注意を向けることです。「あるがまま」を見て「今ここ」に生きる実践です。マインドフルネスは、ものごとの見方でもあり、こころの状態でもあります。マインドフルネスの状態にあるときは、自分のまわりで起こっていることの全体に注意が払われていて、何かひとつの対象にこころを奪われることはありません。覚めたこころの状態で、自己陶酔や信仰的な態度とは正反対のものです。

具体的な実践　その一　―マインドフル・ウォーク―

マインドフル・ウォーク、冥想散歩、歩く冥想、今までやったことのない散歩をしてみましょう。何の目的も持たず歩く、思考をしないで歩く、何か特定の対象を見たり聞いたりせずに、何かにこころを奪われることなく、ただ淡々と子どものような純粋な汚れのないこころで歩く。このような実践を「マインドフル・ウォーク」と呼んでいます。

こころに自然に浮かび上がる思考は、ただ「気づいて」放っておきます。鳥のさえずりが聞こえて、「美しい鳴き声だなぁ…」と感じても、それに気づいて放っておきます。「どんな鳥だろう…」とか、「姿を見たい…」などという思考に可能なかぎり入らず、思考に入ってしまっても、「気づいて捨てる」実践をします。思考していることに気がつけば、「妄想、妄想、妄想」とか「考えている、考えている」と念じて手放します。

毎日散歩をする人でも、ふつうの散歩では頭のなかはいろいろな思考でいっぱいです。時間に縛られ、目的地を設定し、健康のためなどの、いわゆるひとつの仕事、目的活動になりがちです。「マインドフル・ウォーク」は、そのような散歩とは違い、まずいっさいの目的を捨てます。健康のためでもなく、景色や何かを楽しむためでもなく、こころを一〇〇％解放して、思考を捨てて、ただ歩くのです。できれば人気の少ない場所のほうがいいですし、一応のルートは決めてもかまいません。

歩き始めたら、「右足、左足…」と刻々と変わる「今の瞬間」に焦点をあてて、先に説明した「見る冥想」「聞く冥想」、「ありのまま見る」「ありのまま聞く」実践をしながら、思考に入らないようにします。今まで経験したこともない世界が現れてくることでしょう。

実際にやってみるとよくわかると思いますが、何か目的を持った瞬間に冥想が壊れます。たとえば前方にゴミを見つけて、その対象に何がしかの価値を入れ、「ゴミを拾う」という意志が生まれると、マインドフル・ウォークではなくなり、目的のある行動になってしまいます。実践的には、「ゴミを拾う」と仮にこころに決めても、そこまで歩くときはその思考も捨ててただ歩く冥想をします。美しい花を見つけて、それに価値入れをして近づくときも、冥想は壊れます。どんな良い目的でも、楽しい目的でも、「捨てる」「手放す」実践をして、こころの自由を味わってみてください。

五分か十分でもかまいませんし、毎日の散歩を「マインドフル・ウォーク」へと変えるのもいいかもしれません。私は「座る冥想」をする前に歩くようにしていますが、効果は抜群で、こころが静まり落ち着くのが驚くほど早くなります。

具体的実践　その二　― 座る冥想 ―

簡単に説明します。詳しくは初期仏教の長老が書かれた書物を参考にしてください。私が最初に初期仏教の冥想に出会ったのは次の書物です。

『自分を変える　気づきの瞑想法』スマナサーラ長老著　サンガ出版

ここで紹介する冥想は、ブッダがこころの汚れを完全に落として、悟りをひらかれたとされる冥想法です。正しくはヴィパッサナー冥想と言います。「ヴィパッサナー」とは「明確に見る」という意味です。「気づきの冥想」や「マインドフルネス」と呼んでもいいと思います。

この冥想は「思考を完全に捨てる」ことへの挑戦とも言い換えられます。思考がない瞬間に智慧が生まれて、悟りへいたるという道筋がここにあります。キーワードは、何度も言ってきた「今ここ」と「あるがまま」です。

冥想に入る三つのポイントを最初に説明します。

・スローモーション　　身体の動作を可能なかぎりゆっくりする。
・ノンストップの実況中継　　「今ここ」常に今の瞬間に生きる。

・身体の感覚を感じる　身体の感覚を通じて、こころの動きを見る。

☆スローモーション　現代人は気づかずに、何でも焦って早くする癖がついています。こころの落ち着きを取り戻すのに、スローモーションはたいへん有効です。なにげない動作をゆっくりすることで、驚くほどの集中力も生まれます。たとえば「お茶を飲む冥想」です。ただお茶を飲むだけですが、すべての所作をゆっくりとスローモーションでするのです。お茶を入れる作法も、飲む動作も、可能なかぎりスローモーションで、自分の動作を実況中継します。一度やってみてください。どれほどこころの安らぎが得られ、一杯のお茶を楽しめることか。何ごとでも集中力を高める入り口は、スローモーション、ゆっくりすることなのです。

☆ノンストップの実況中継　実況中継の目的は思考を手放すことです。すべての生命は最初に感覚が生じて、そこから思考が始まり、すべてが始まります。その最初の「感覚」で起こったことを実況中継して、思考の入る隙間をなくす実践です。たとえば、座る冥想に入るときに、スローモーションで動作を行いながら、「座ります、座ります、座ります」「足を曲げます、曲げます、曲げます」とこころのなかで言います。常に今の瞬間に起こっている事実を実況中継するのです。詳細に実況中継するほうが、より思考の入る隙間がなくなります。

☆身体の感覚を感じる

「こころ」とは、瞑想の実践では「感覚」のことです。ですから、「今の感覚をありのままに感じている」ということは、「こころをありのままに見ている」ということです。実践しているうちに、じつは私の正体もただの「感覚」で、それ以外は何も実体がないことに気づくと思います。「考えること」や「思うこと」がこころだと思っている人が多いのですが、実際は、最初に「感覚」という「事実」があり、その後に「脳で起こる実体のない副産物」が思考（妄想）です。現実に生きていると、刻々と感覚が生じます。痛い・かゆい・寒い・暑い…これらすべての感覚を感じとってください。それこそが今の瞬間のこころなのです。そして、感じたことは放っておいてください。

まず、静かな場所を探してください。誰にもじゃまされず、気を使わないで座れる場所であることが大切です。そこで座ります。私は座布《ざふ》という禅のざぶとんを使って、お尻の位置を高くして座りますが、道具のない人は、ざぶとんを折って高さを調整したり、椅子に座っても問題はありません。かならず背筋を伸ばしてください。これは大切なポイントです。楽に一時間ほど座れる姿勢を見つけてください。

座る冥想の方法

座る冥想では、観察の対象は呼吸です。お腹の下腹部のふくらみと縮みを観察します。お腹に手を当てて、実際のふくらみと縮みを感じてください。最初に三つの項目を確認してください。

☆スローモーション

これからのどんなわずかな行為も、スローモーションで行います。

☆ノンストップの実況中継

何が起こっても、そのことに覚めて、実況中継を続けます。時間は常に「今ここ」です。「今の瞬間」のできごとを実況中継するのです。終わったことや、先のことではありません。

☆身体の感覚を感じる

感じたことは、感じて放っておきます。

① 静かな場所で、背筋を伸ばして座ります。
② 骨盤から頭の先まで、まっすぐに伸びているのを感じます。
③ リラックスして、全身の力を抜きます。

④目を閉じます。
⑤身体が定まったら、「固定します、固定します、固定します」と念じて動きません。
⑥深呼吸を三回ほどして、その感覚を感じます。その後は呼吸も放っておきます。
⑦「待ちます、待ちます、待ちます」と念じて、呼吸が自然になるまで待ちます。
⑧お腹のふくらみと縮みを実況中継します。「ふくらみ、ふくらみ、ふくらみ」「縮み、縮み、縮み」。実況中継をしているときは、感覚だけがあって「自分がいない」という想定です。
⑨終わるときには、「終わります、終わります」と念じて終わります。自分が思っている以上に意識の深い部分に入っている場合もあり、終わり方にも意味があります。

実践のポイント

★「ふくらみ」という言葉は、かけ声ではなく、お腹で実際に起こっている感覚＝事実を実況中継してください。何か考えていることに気づいたら、「雑念・雑念・雑念」と三回念じて捨てます。冥想は「何もしない」「考えない」「判断しない」という挑戦です。「何もしない」ことがどれほどの強烈な刺激なのか、実践して味わってみてください。
★気づきの冥想とは、今この瞬間に徹底的にくつろぐことです。そして、自分の心の動き、あるがままの自分に気づくことです。あるがままの自分に気づくとは、あなたの話し方、聞き方、家族、隣人、他者に対する接し方など、日常のありのままの自分に気づくことです。徳があり、慈しみのある立派な人格を育てたいのなら、それらに気づくことなしに、立派な人格が育つはずはありません。

★冥想とは心身をリラックスしてこころを育てることです。「ああなりたい、こうしたい」という思考や、どうなるかわからない明日のこと、すでに終わった昨日のことを手放します。実際に生きているのは、今この瞬間だけです。修行というより観察です。ちょっと楽しんでみましょう。まず、日常の喧騒から離れて静かな場所に行き、すべての感情から離れましょう。良いと思うことも悪いものもすべて捨てるのが仏教の入り口です。子どもの頃知っていた「いつでも明るいこころ」を育てましょう。

★冥想中に、考えごと（妄想）やさまざまな感情、怠け眠気などが起こっても、「イヤだ」「悪いこころだ」などといやがらず、「あぁ、そういうものがあるのだ」と見るようにします。自分という宝の箱があったとしても、閉じたままでは意味がないのです。開けてみたら、案外ガラクタばかりかもしれません。自分という箱を開けて観るのです。ヴィパッサナー冥想とは、ヴィ＝明確に、パッサティ＝観察する、意味は明確に見ること、観察することです。

★思考を捨てる。考えに入り込まない。人間のこころを汚す唯一の原因は「思考」です。思考やそこから生じる感情があれば、ありのまま事実を見ることはできません。思考＝妄想・雑念・主観・感情。こころは刺激混乱が大好きで、むだ話やうわさ話など刺激を好みます。

★思考・考えることは大切と思っている人が多いようですが、真実はそうとも言えません。考えるから、怒る、嫉妬する、落ち込む、悩む、傲慢になる、他人を軽視する、人と比べる、人にどう見られるか気になる、自分の殻に閉じこもるのです。思考が多ければ多いほど、悩みが多いのです。思考を捨てたら、悩み苦しみは減ります。そして、感情（怒り・欲・憎しみ・嫉妬など）に悩まされなくなるのです。

★気づきの冥想を続けると、今まで当たり前としていた、見える、聞こえる、呼吸する、立つ、歩くなどの感覚を、健全で長続きする幸福へと変えていくことができます。自分の外に幸福を探す必要はありません。幸福が今ここにあることに気づけば、それこそが冥想そのものです。

第十五章　感覚について

生きているとはどういうことでしょうか？　難しく考えないで、今ここで調べてみましょう。生きているということは「感覚がある」ということではないでしょうか。私の目の前にぬいぐるみがあるとします。私とぬいぐるみの違いは感覚があるかないかです。私から感覚がなくなれば、それはぬいぐるみと変わりません。死体と呼ばれます。ようするに、生きているということは感覚があるということです。どんな生き物にも生命には感覚があります。生命として誕生するということは、感覚が生まれるということです。私たちの生い立ちがそのとおりでした。

みなすっかり忘れていますが、本当は感覚は母胎のなかからすでにありました。母胎のなかは最高に満たされた場所です。暑くも寒くもなく、自分で苦労して栄養をとる必要もなく、呼吸する必要すらありません。誕生と同時にすさまじい苦しみがやってきます。寒い世界に放り出され、見知らぬ生命にかこまれ、自分で呼吸しなければなりません。最初の肺呼吸は、母親の体液が気管にあるので苦しいのです。生死を分ける最初の瞬間と言えます。だから赤ちゃんは泣きます。生まれてうれしいのではなく、苦しみから泣きます。

成長してすっかり忘れていますが、最初にあったのが感覚です。感覚からすべてを学んできました。そして人生の最後の瞬間まで感覚は続きます。ですから、この感覚の真理を学ぶことがきわめて重要で、幸福になれないのは、この感覚の真理を知らないからです。じつにブッダの教えの四分の一は、この感覚に関する教えなのです。

感覚の生起

感覚のことを仏教では漢訳で「受」と呼びます。パーリ語では「ヴェーダナー」と言います。感覚が生まれるのは、身体に眼耳鼻舌身意《げんにびぜつしんい》という感覚器官（六根《ろっこん》）があるからです。それらの感覚器官に、色声香味触法《しきそうこうみそくほう》の対象（六境《ろっきょう》）が触れると感覚が生まれます。最初に、「触れる」と「感覚が生まれる」という事実をしっかりと確かめる必要があります。冥想で実践することのひとつがこれです。

色　声　香　味　触　法　（六境）

←　←　←　←　←　←

眼　耳　鼻　舌　身　意　（六根）

「触れる」（触） ↓ ↓ **「感覚が生まれる」（受）**

私という自我を構成しているのは知識や経験です。簡単に言うと記憶です。すべての記憶の原点に感覚があります。感情も理論的な思考もすべて原点は感覚であり、感覚から生まれたものです。

生じた感覚からは、「苦」「楽」「不苦不楽」のいずれかが生まれます。私たち凡夫は、基本的に苦の感覚を嫌い、楽の感覚を追い求めます。しかし、苦を嫌い、楽の感覚を追い求めるだけでは、怒りと執着が習慣化した生活になり、結果的に苦しむことになります。お酒好きの人がアルコール中毒になって苦しむようなものです。そのままで放っておくだけでは、人間としての学びは生まれず、こころの成長はありません。そこで感覚に気づくように、こころを育てる必要があります。

ブッダは、生じた感覚からは、「苦」「楽」「不苦不楽」のいずれかが生まれ、その三者のすべてを「苦である」と説きました。一切皆苦・五蘊盛苦とはそのことです。これは革命的な発見なのです。

感覚に気づく

自分の身体とこころに起こる感覚に気づくようにこころを育てていくと、いろいろな変化が起こります。自分の感覚に敏感な人は、ほかの人の感覚にも敏感になります。自分が嫌なことはほかの人も嫌なので、意地悪いことを言ったり、嫌がらせはしなくなります。さらに自分の感覚に鋭敏になると、ほかの生命の感覚も理解できるようになり、むやみに傷つけたり、殺すことができなくなります。また、ほかの人やほかの生命の感覚に気づくことに、言いようのない喜びを感じるようになります。

痛みの感覚が生じたときに、いたずらに感情をつくらないで、その感覚に全注意を向けて観察すると、感覚＝「痛み」と「痛い」の違いがわかるようになります。観察を続けると、「痛み」が変化して、ただの「感覚」になったりします。そして、「感覚が変化している」という事実に直面します。これは微細な発見ですが、大きな革命になります。人生のどの瞬間にも感覚があり、その感覚が常に変化していることに気づくことは大きな発見なのです。私とか、社会とか、世界と言っているものも、その正体は身体とこころに起こるもろもろの感覚から生まれたものです。世界とは、眼耳鼻舌身意の感覚器官と、対象である色声香味触法のことです。ここから起こる感覚、認識の働きがすべてで、これが世界であり、真実はこれ以外のものは何ひとつ存在しません。色即是空という仏教用語もこの理のことを言っているのです。そして、それはまた常に変化しているのです。無常とはそのことです。

感覚で終わらせる

感覚に気づき、感覚の真理が見えてくると、ブッダの教えの中核である四諦「苦集滅道」の道諦、つまり八正道の実践とは、ズバリ「感覚で終わらせる」ということだとわかります。感覚が生じて、それから感情が出てきたときに、感覚が感情を生じさせたのではなく、過去の条件づけから、自分で時間をかけて感情をわざわざ呼び出して苦しんでいる姿が見えてきます。感情は今ここ、あるがままにあるものではありません。

感覚をありのままに見、また生まれた感情もありのままに見て、放っておくとき、それらは因果法則で消滅します。生まれた感情に何のエネルギーも与えず、ただ眺めることができたら、それは一輪の花のように咲いて枯れて消えていきます。感覚で終わったものは、新たな業（習慣力）をつくることはありません。記憶の痕跡を残さないのです。

「感覚で終わらせる」とは、業から自由になって、輪廻の絆を断ち切るということです。

第十六章　時間について

二つの時間

「物理的な」時間と「心理的な」時間の二つがあるとします。物理的な時間とは、「明日の午後一時発のＪＲに乗って京都駅に行く」「昨日は妻と二人で寿司を食べた」というような時間のことです。このような物理的時間をもとに私たちの暮らしは成り立っています。これはカレンダーのようなもので、物理的な時間があることを否定しようとは思いません。

このような物理的な時間とはまったく別に、心理的な時間があります。そもそも物理的な時間は、私が存在していてもしていなくても、存在する時間のことです。私がいなくなっても、京都行きの電車は明日も出発することでしょう。しかし、私が存在しなくなったら、存在しない時間もあります。それが心理的な時間です。驚くことに、心理的な時間には過去も未来も、昨日も明日もありません。十年前のできごとを思い出しているのは「今」です。来年の計画をしているのも「今」です。真実在はじつに「今」しかありません。過去も未来も単なる妄想、思考の産物であり、あるのは「今ここ」だけなのです。

今ここ　無時間

時間は本当にあるのでしょうか？　時間とは何でしょうか？　コチコチ動く時計の針を見れば、確かに時間があるようにも思えます。時間があると言うのは、「過去と未来」「昨日と今日」があって、過去から未来に時間が流れていると考えているからのようです。「過去」「昨日」という名前があるので、過去や昨日も実際にあるかのように思えます。しかし、名前があるものがすべてあるのかというと、「神さま」や「幽霊」のように名前はあっても存在が確認できないものもあります。では、昨日を手でさわれるかというと、さわれるわけではありません。昨日があるのは、脳のなかで記憶としてあるようですが、記憶には実体はありません。まして、記憶は真実ではありません。記憶は個人の見方や印象による部分の感想であって、事実や真実とは異なるものです。むしろ、事実や真相とは正反対の過去の「感情」の記録と言えるでしょう。記憶は時間が経てば消えたり変化したり、まったく別のものに入れ替わることさえあります。「記憶」の正体は、人間の不確かな感情でつくられた「思考の断片」です。「記憶」がそのようないいかげんなものなので、その「記憶」の集合体である「過去」も、いいかげんなものなのです。私たちの人間社会は、「過去はある」という共通主観のなかで成立しています。それどころか自分の記憶、つまり過去はまさしく真実であるとさえ考えています。過去のできごとや歴史の解釈が人や民族によって違い、それによって国家どうしの対立や戦争までが起きているのが実情です。それは実体のない過去の記憶を、絶対的に正しいとしている哀れな人間の姿です。

物理的な時間には問題はありません。しかし、心理的時間としての過去や未来が事実としてあると考えると、問題が起こります。それは「私は正しい」という思考と変わりないからです。過去を思い出しているのも、未来について考えているのも「今」のできごとで、その実態は「思考」です。

「一期一会」という言葉があります。この言葉の意味は、人生で起こるあらゆるできごとは一回きりで、実際にあるのは「今の瞬間」だけという意味です。その今の瞬間は刻々と変化し、この瞬間は常に一回きりです。人生にはリハーサルも練習もなく、今の瞬間がかけがえのない、私にあるすべてなのです。ブッダ最後の旅、涅槃経に繰り返しブッダの言葉として説かれている、「すべてはつくられたものであり、壊れる性質のものです。今の瞬間に気づくことを怠らずに完成にいたりなさい」という詩句も、この「今」という真理、「今の瞬間」に目覚めて生きなさい、というブッダの最終のメッセージなのです。

今の瞬間に気づいて、余すところなく生きている人は現在を支配しています。それは、思考に支配されないことです。過去の行為の習慣力（業）に気づき、それから自由であるということです。「我思う、ゆえに我あり」という妄想から自由になって、今の瞬間に未来を修正することができるのです。

冥想によって時空を超えることができるというのは、思考を捨てたときに起こる、何の努力もいらない「ありのまま」のことです。我の正体も思考なので、そこには我がないことも実に当たり前です。

〈悩みと縁のない生き方〉

昨日食べたリンゴを思い出して、もう一度それを食べようとすることは愚かでしょう。「悩みごと」とは、そもそもこのありもしない、触れることのできない過去や未来について、触れようと努力を続けることと同じです。昨日のリンゴは食べられません。明日のリンゴも食べられません。食べられるのは今ここ、目の前にあるリンゴだけです。この明白な事実は、「今この瞬間」しかないことを示しています。真理・真実・真相・事実…と言っているものも、すべて「今」という瞬間にのみあらわれる無常なものです。

どんなに努力しても、すでに終わったこと、結果は変えることはできません。しかし、原因は変えることができます。原因は常に「今ここ」にあるからです。原因が変化すれば、結果は変わります。だから、賢い人は悩んでいる暇はないのです。

初期仏教の長老はキッパリと説かれました。「今ここで、『では、どうすれば?』と、自分に尋ねることです。答えはすぐに現れます。答えがない問題はただの妄想で、それが『悩み』の正体です」。生きていたら、望んでいないことが突然起きたり、自分の計画にはないできごとに遭遇したりします。しかし、それらはすでに終わったことです。「では、どうすれば？」と自問し、常に悩みとは縁のない生き方をするのが、仏教徒の生き方なのです。

〈悩み・後悔の正体〉

人間はよく過去のできごとに対して後悔の念を持ちます。これはたいへんなエネルギーの浪費です。大切な人生の瞬間を後悔の念で過ごすほど、むだ無益なことはありません。人が後悔するときは、こころは今ここにありません。今ここにない「過去」のことを考えて、「未来」に対する不安を持って、それを後生大事に放さないでいる状態なのです。受験に失敗して後悔している人は、ありもしない先のことを勝手に考えて、その学校に行かなければ自分の将来はないかのように愚かな妄想を抱いている人です。リストラに遭ったり、失恋したり、結婚に失敗したことを後悔している人は、みなありもしない未来の不安を大切に持っている人なのです。今ここにない「妄想」で苦しんでいるのです。

少し前の私の失敗談ですが、法事で離れた檀家さんの家にお参りするのに車を運転しました。高速道路を走っていたら、後方からサイレンが鳴り、パトカーに止められました。時速一一五㎞ほどで走っていたのですが、その道は八〇㎞規制の道路でした。青切符を切られて、一万五千円の罰金でした。青切符を見るのも嫌だったので、法事を終えてすぐに郵便局で振り込みました。ふだんあまりにも平穏に暮らしているので、感情が波立っていることに気がつきました。何度も同じ場面を思い出しては、不快な思考を繰り返していました。後悔というのは、このようなこころの状態かと思います。捕まったときは恥ずかしい感情がありましたが、それはもう終わったことです。罰金のお金がなくて困っているわけでもありません。もうすでに払い込みました。さて、私はいったい何を後悔して、何に執《と》らわれているのでしょう。

・もう一回捕まったら、短期の免許停止になるかもしれない。
・三カ月で前歴が消えるらしいが、三か月以内にもしまた捕まったらどうしよう。
・運が悪く、連続で捕まったら、車の運転ができなくなるかもしれない。
・車の運転ができないとお盆のお参りがたいへんで、それは困る…。

私の後悔の正体は、すべてみごとにありもしない未来の不安で、現実の「今」には、こころがないのです。わざわざ「今」にはない妄想を繰り返し考えて、暗い感情のなかで苦しんでいる姿がそこにありました。私はその自分の思考に気づき、少し笑えてきました。もしまた捕まれば、十万円でも払えばいいだろうし、免許がなくなったらなくなったで、自転車に乗ればいい。排気ガスを出して税金がいる車など手放せば、もっと楽になるかもしれません。何かにしがみつき、維持しよう、継続しよう、という執着こそが苦しみの元凶なのです。そのようにありのままを見たら、「今ここ」には何の苦しみもありませんでした。

「今を生きる」というのは、このような日常的な実践です。人間の悩み苦しみの正体は、「今ここ」の苦しみではなく、こころがありもしない「過去と未来」に幽霊のごとくさ迷っている「思考」、つまり「妄想」なのです。長老が、「今の瞬間に解決できない問題はない。解決できない問題は妄想です」と説かれたのは、このような智慧の世界かと思います。

ブッダの言葉

「未来に執着しない人は、過去を悔やむことがありません。今触れている事実、対象に覚めている人は、悩みに入ることもありません」

スッタニパータ　八五一　身体の破壊の前にの経

過去を悔やみ悩む者には、未来の憂いがある。未来を憂うことのない者には、過去を悔やみ悩むこともない。今の瞬間を生きる者には、苦しみの種がないのだと思います。「今ここ」という言葉自体が真理をあらわしています。「あるがまま」と言いかえることもできます。真実・真相・事実など、真理は「今ここ」、この瞬間にしかない無常なものであるということです。頭で考えることは、常に「過去」か「未来」のいずれかで、だから思考のなかには真理はないと言えます。

さて、冥想によってありのままを見る観察力を高めると、常識を超えた答えが現れます。時間が発生するところにかならず思考があります。言葉があります。言葉があるときに時間が発生します。じつに、時間の正体が思考であることが直観されます。それはつくられたもので、「有為」と言います。真理はつくられたものではありません。人間の思考が介在しない世界で、「無為」と言います。

何の努力もなく、夕日を眺めたり、笹の葉が風にゆれる瞬間を楽しんでいるときには、時間は存在していません。それがありのままの世界です。「美しいなぁ」とこころでおしゃべりしたときには時間が発生します。しかし、そのときは夕日を見ていません。ただ今の瞬間をありのままに見ている刹那には、思考も判断もなく、それが「あるがまま」です。それが幸福の姿であり、何の努力もいらないのです。思考を努力なく捨てた状態が「あるがまま」で、それを冥想と呼び、時間を超越したものだと思います。

逆に見れば、悩むには時間が必要で、苦しみを生むのは思考なのです。楽に生きるには「思考」を手放し、相手にしない、自分という中心をつくらずに淡々と生きることが肝心なのではないでしょうか。人々が探し求めている真理も理想もすべては今ここにある。涅槃《ねはん》と呼んでいる境地があるとしたら、それも「今ここ」です。いつか涅槃にいたると思っている人は、ついに解脱にいたることはないでしょう。この実感は、ヴィパッサナー冥想を実践しない人には、サイクリングは楽しいよと魚が言われているようなものかもしれません。

「日々是好日」とはブッダの言葉で、今を生きることです。本当はそれしか選択肢はありません。そもそも「ブッダ」とは、「今ここに目覚めた人」という意味です。

欲望の世界には終わりはありません。仏教の世界には終わりがあります。時間の終焉、自我の終焉は本当にあります。それも「今ここ」にあります。冥想によって、今ここにピントが合ったら、苦しみの原因は消えます。それが終焉です。そのとき心理的な痕跡は残りません。体験・経験のない世界が意志とは関係なくあらわれます。寂滅とか涅槃とはそのことを言っているのではないでしょうか。

第十七章　日本人が知らない仏教

パーリ語を学ぶ

さて、みなさん、次の言葉は何と読むでしょうか？

「没駄」「没度」「浮図」「蒲図」

いずれも原語の buddha を音写したもので、ブッダのことです。弘法大師は「没駄」と音写されていた記録があります。いちばん古いのは「浮図」で、なんと「フト」と音写されました。般若心経にも出てくる「アーノクタラーサンミャクサンボダイ」は「阿耨多羅三藐三菩提」で、パーリ語では an-uttara sammā sambodhi（アヌッタラ・サンマー・サンボディッ）です。an-uttara 無上の・最高の、sammā 正しい、sambodhi 正覚で、「この上なく正しい正覚」という意味です。「無上等正覚」とも言います。

日本で仏教を学ぶ場合、通常は漢訳経典から学びます。つまり、中国で編さんされた経を学ぶということです。日常的に日本のお坊さんが読むのは漢訳経典で、そのまま音読みで読むことが多いです。ですから、意味がわかったようなわからないような曖昧さが常にあります。「色即是空」とは何かを学ぶなら、「色」の意味や「空」の意味を調べて理解を深めます。これは、漢語を日本語に訳して中国仏教を学ぶこととも言えます。漢字は慣れているので便利なこともありますが、本当のブッダの教えから遠ざかっていく場合もあります。

私は初期仏教を学び始めてしばらくして、パーリ語経典を翻訳されている正田先生からパーリ語を習い始めました。パーリ語経典から仏教を学ぶと、今まで知らなかった世界が見えてきます。たとえば、先に「善悪について」の章で紹介した『七仏通誡偈』の一行目「諸悪莫作」については、確かに「もろもろの悪をなさない」と書いてあります。しかし、二行目の「衆善奉行」は、原典では、kusalassa upasampadāとあり、「もろもろの善」とは書いてありません。「すべての・いっさいの」という言葉の付かない単数形の「善」と、「具足する」という動詞が使われているので、「善を具足すること」「善にいたること」と訳すのが正しいと思います。そうすると、日本で漢訳経典から訳された「もろもろの善を行い」とは意味が違ってきます。ブッダの語った内容は、「悪いことはいっさいしない、気づきを保ち、自らのこころを浄らかにする、そうすると善にいたる、これが目覚めた人々の教えです」となり、矛盾のない筋が通ったブッダの教えが理解できると私は思うのです。

二十一世紀の現在は平安時代と違って、パーリ語経典でも、サンスクリット語経典でも、大蔵経でもインターネットで簡単に閲覧できます。遣唐使になって中国に渡り、漢語を学ばなくとも、自宅でパーリ語経典を直接学ぶことができるのです。日本の祖師たちが命をかけて、長い年月を経て得た情報が、自宅で一瞬にして得られる時代なのです。私たちの意識も革命しないと、過去の亡霊のように取り残されてしまうのではないでしょうか。

仏教とは？

そもそも仏教は宗教なのでしょうか？　世界宗教と言われる宗教のなかでも、仏教にはとくに際立った特徴があります。それは日本語で「神仏」と言われるような、人知を超えた存在が説いた教えではないことです。他の世界宗教は、その開祖が「私は神の子である」と語ったり、「私は神の啓示を受けました」と語り、その教えを神の教えであると説きます。そこで、宗教とは「人知を超えた神仏の教え」ということになります。その定義からすると、仏教は宗教という枠には入りません。

仏教はゴータマ・シッダッタという名の人間が説いた教えです。彼のことをブッダと呼びますが、それは「目覚めた人」という意味です。ブッダによると、彼の説いた教えは「目覚めた人」になる教えです。そして、その教えは人間である自らが人間の知性と努力によって到達したものので、人間だけがブッダ「目覚めた人」になることができると説きます。人間は誰でも、自らの意志と努力で、生きているあいだにブッダになる可能性があるのです。確かに「ブッダは人間を超えた」という表現がありますが、これはお釈迦さまが人間の人格を完全に完成させたので、のちの人々がそれに対する賞讃をこめて超人としたのであって、ブッダが人間であったことに変わりはありません。

また、その最終的な境地のことを涅槃（ニルヴァーナ）と呼び、貪欲が完全に消された寂滅という意味です。これは死後に存在する世界ではなく、今ここにあるものだと言えます。

慈経《じきょう》

私はこの数年間、毎朝『慈経』Metta Sutta（メッタスッタ）という経典を、日本語とパーリ語で繰り返し読んでいます。この「慈経」の説明は十二章で触れました。この経を毎日読んでいるうちに、そこに書かれている言葉が自然に理解できるようになりました。そして、そこには今までまったく知らなかった世界があることに気づきました。そのような発想も概念もなかった初期仏教の世界がそこにあるのです。ここに紹介いたします。

〈**スワチャ　「軽々と言われる」**〉

一つ目は、「スワチャ」suvacaです。水野弘元先生のパーリ語辞典には、「説きやすき・従順の」と出ています。スマナサーラ長老の説明では、「軽々と言われる」という訳で、こちらのほうが理解しやすいです。仏教徒の目指す人格に、「軽々と言われる」という性質が含まれているのです。これは、日本仏教で悟りにいたるために目指す人間像としては聞いたことがありません。日本では立派な高僧・聖者は近寄りがたく、どちらかと言うと、「人にいっさい何も言われることがない人」といった完璧なイメージがあります。また、反対の立場では、聖者や高僧に対して我々は「軽々と言えない」といった先入観もあります。これが初期仏教では正反対なのです。

二六〇〇年の年月を越えて、お釈迦さまを私たちの家に招いたとします。あなたの家で一泊していただくことになりました。お釈迦さまは、小学生の子どもにも「軽々と言われる」、そのようなスワチャな性質を持っておられるというわけです。お釈迦さまが現代のお風呂の入り方をご存じのはずはありません。そこで、「ここで衣を着替えてください。このボタンを押すとお風呂が温まります。お湯が減ったら、このボタンを押してください。最後は窓を開けてください」などと伝えたら、「軽々と言われる」性質があるので、「はい。知らないので教えてください」という態度で、小学生の話でも聞かれるということです。想像してみてください。優しく柔和なお釈迦さまが、日本の小学生にお風呂の入り方を教わっている姿を。なんとほのぼのとした情景でしょうか。この慈経を読むまで、私にはブッダのこのような人間らしい、柔和な「軽々と言われる」という性質が想像もできませんでした。今では、仏教者や賢者の資質として重要な性質のひとつが、このスワチャなのだと思っています。そもそも、仏像のようなイメージでブッダをとらえるのがまちがいで、ブッダは人間であり、最も人間らしい謙虚な手本としてとらえるべきなのでしょう。

この「軽々と言われる」「言われやすい人間」の対極にあるのが「頑固」で、人の話を聞かない人です。小学生でも、親や先生の言うことを聞かなくなった子どもは、こころの成長が止まってしまいます。頑固な性格の人にこころの成長はなく、やがて人生の落伍者となってしまいます。

また、長老いわく、この「言われやすい」にはもうひとつ意味があり、それはその人を見たら何かを教えてあげたくなる、近づきたくなるような、性格の明るさです。何かの作業に一生懸命なのだけれど、不器用でうまくことが運ばないようなときに、「軽々と言ってもらえる」性格のことです。自分がほかの人に何か言ってもらいやすい、明るい性質を持っているということです。教えてもらったら、「ありがとうございます」と明るくお礼が言えます。この性質のない人は、人に何か教えられても、「大きなお世話だ」とこころに怒りの波動をつくってしまいます。そのような頑固な人は、本当に困ったとき、誰も助けてくれずに、「お金を出しますから助けてください」というようなみじめな孤立した状態になりやすいのです。この明るく言われやすい性格の人は、みんなが勝手にやって来て助けてくれます。考えてみればどんな人間でも、死ぬ間際まで、教えてもらうことはいっぱいあります。たとえブッダのような偉大な悟りを得た人であっても、教えてもらうこと、言われることはあるもので、自ら「軽々と言われる」スワチャな性質を育てるのが、仏教徒の生き方なのです。

日本の仏教にも、「謙虚さ」「従順さ」など似た概念はあるのですが、この初期仏教の「スワチャ」「軽々と言われる」とは少し違います。私たちが目指す究極の仏教的人間像、つまりブッダの性格に、はっきりと「軽々と言われる」という項目があるのです。

〈スバラ「めんどうが見やすい」〉

二つ目は、「スバラ」subhara です。「めんどうが見やすい」「養いやすい」といった意味です。この言葉も、目指す仏教的人間像として日本仏教には伝わっておらず、私は聞いたことがありませんでした。

人を家に招くとき、昔から仲のよい友達を家に泊めるのは簡単です。ご飯はいつもの食事を一緒に食べて、寝るのはソファーで、「毛布を適当に使ってね」と、こんな感じでまったく気を使いません。相手も気心が知れていて文句は言いませんし、ともかく「めんどうが見やすい」のです。初期仏教の出家者には、このスバラ「めんどうが見やすい」という性質は必須項目でした。仏教の出家者は、托鉢《たくはつ》して人のいらなくなった施しの食事を食べて、所持品は衣と鉢だけで、人に要求するものがないのが当たり前でした。ですから、仮にブッダを自宅に招いたとしても、食事は私たちと同じものでよし、寝るときもある場所を提供すればよし、ブッダからの要求は何もないのです。もちろん、そのような要求も欲求もない、立派な人であったから、仏典にあるように、ブッダのために精舎を寄進したり、お金や宝石を地面に敷きつめるようにしてブッダを丁重に招いたりした人がいたのでしょう。それでも、ブッダからの要求は何ひとつないのです。

日本の宗派仏教のお寺では、大きな行事を行うときに、本山などから位の高いお坊さんに来ていただくことがあります。お招きするだけでも多大な費用がかかるのですが、旅館を用意したり、食事や送り迎え、その他の接待の準備が必要になったりします。先方から細かい指定がくる場合もあり、偉い人を招くのは本当にたいへんです。

子育てをしているお母さんは、わが子をこのスバラな人、つまり「めんどうの見やすい人」「欲求の少ない養いやすい人」に育てるということも、視野に入れておくとよいと思います。また、日本のお坊さんや先生も、事業で成功した社長さん方も、誰もがこのスバラな人「めんどうの見やすい人」を目指す人間像に入れておくと、世のなかが良くなると思います。

この二つ、「スワチャ」と「スバラ」、「言われやすい人」と「めんどうを見やすい人」という最も腰の低い人間像のほかに、「慈経」では、理想の人間像として次のような性質をあげています。何ごとにも優れ、しっかりして、まっすぐでしなやかで、柔和で高慢でない人、満ち足りていて、不平がなく、こだわりがない人、賢明で、裏表がなく、静かな人。

「慈経」を毎朝読んでいると、お釈迦さまの説く理想の人間像は、ありのままの身近な人間の姿であることが理解できます。そして、それはお釈迦さまご自身の姿だと言えるでしょう。

私は、日本人は覚者であるブッダに対して、ずいぶんまちがったイメージを作って、それを勝手にお釈迦さまに押しつけているのではないかと思うようになりました。日本の偉い方々のなかには、目指す人間像を勘違いして、「特別人間」や「神さま」「支配者」を目指してしまっている人が多いようにも思われます。

「念」――気づき――

「念」という漢字の意味を知っていますか？　意外に知られていない意味があることはご存じでしょうか。念仏・念法・随念など仏教用語にもよく使われています。多くの人は、「念じる」深く願うことや、「念仏」唱えること、「思い」「考え」「気持ち」といった意味を思い浮かべると思います。岩波の仏教辞典では、冒頭に「心に思うこと」「いつも心に思うこと」と解説があります。詳しく説明すると、「念」という漢字には次のような意味があります。

①思い。考え。気持ち。
②注意すること。―入念
③深く願うこと。―念じる
④唱えること。―念仏・念誦

⑤きわめて短い時間。―念々＝刹那

⑥パーリ語の sati（サンスクリット語の smṛti)

仏教を学ぶうえでいちばん大切な意味は、⑥番目の「念」＝サティ sati です。初期仏教において「サティ」とは、「気づくこと」という意味です。漢字の「念」という文字の構成を見てみましょう。「今」の下に「心」とあります。つまり、「今」の瞬間の「こころ」ということです。そして、「今の瞬間のこころに覚める」、つまり「気づく」ことがサティです。パーリ語の経典を最初に漢訳した中国の僧が「サティ」に『念』という漢字を選んだことに、思わず納得してしまいます。ちなみにパーリ語の「ブッダ」は、「目覚めた」という意味で関連があります。ブッダの教えの根幹となる大切な「念」の解釈が、どこからそうなったのかはよくわかりませんが、「念じる」「願う」「唱える」といった意味に限定して理解されてきたのは、たいへん残念に思われます。

別の角度から見てみましょう。「大般涅槃経」大パリニッバーナ経という経があります。そのなかに、ブッダの最後の言葉として、禅語としても有名な次の偈があります。

「生死事大《しょうじじだい》　無常迅速《むじょうじんそく》　各宣醒覚《かくぎせいかく》　謹莫放逸《しんもつほういつ》」

大意は「人の世の移り変りは常にはかなく流転し、時は移りゆき、形あるものはかならず滅する。いっさいが無常であり生滅する。その理に覚めて、時間をむだに過ごしてはならない」と言われています。簡潔に表現すると、「諸行は無常なり。不放逸に精進せよ」となります。もとのパーリ語では、Vayadammâ《ワヤダンマー》 saṅkhâra《サンカーラ》 appamâdena《アッパマーデーナ》 sampâdetha《サンパーデータ》「すべてはつくられたものであり、壊れる性質のものです。今の瞬間に気づくことを怠らずに、完成にいたりなさい」となります。この偈には、「サティ」というパーリ語はないし、漢訳でも「念」という言葉は含まれていないのですが、「アッパマーデーナ」という言葉があります。それは、「パマーダ」pamāda「放逸」という言葉に、a-pamāda「ア」という否定の語が付いて、「不放逸」と訳されています。パーリ語経典にはよく使われる言葉で、「注意深くあること」「覚めること」「今の瞬間に気づくこと」の意味です。そして、「気づく」＝「サティ」＝「念」なのです。

この本で紹介してきた「気づきの冥想」の「気づき」も、「マインドフルネス」という言葉も、結局ひと言で言えば、『念』となるのです。ブッダの最期の言葉に、「今の瞬間に気づく」という言葉が含まれていることが、たいへん重要です。仏教の修行の根本は「今の瞬間に気づく」ということなのです。

この肝心な仏教用語『念』の理解に、「気づき」という意味が欠けている点は、大乗仏教と初期仏教が大きく分かれていく重大事項だったに違いありません。私も若い頃に、この「念」という言葉にそのような本質的な意味があることは、みじんも知りませんでした。ここまで読んでいただいた方には、「今ここ」「今の瞬間」「あるがまま」に「気づくこと」（覚めること）が、ブッダの教えの根幹であることは感じとっていただけたのではないでしょうか。その根本になる「念」の意味が、日本の仏教には伝わっていなかったのです。

如来について

如来という言葉は、パーリ語の tathāgata タターガタという言葉がもとになっています。tatha と āgata の意味から、「真理から来た」「真理に到達した」人と理解できます。

私たちは生まれてから、いろいろなことを先に生きる人たちに学びました。まして仏教のような崇高で深遠な教えともなると、祖師、先人、先生から学ばないと、とうてい自分ひとりでは学べるものではありません。ところが、ブッダは自らの力で真理を発見し、真理にいたる道をダルマ（法）として説きました。彼はゴータマ・シッダッタと呼ばれた実在した人物です。このシャカムニブッダのことを「如来」と呼びます。如来には先生はいません。誰かに教えられて、その教えを説いたのではないのです。自ら真理からやって来たのです。日本にあるどんな仏教であれ、「その教えはもともとどなたが説いたのですか？」と問えば、答えは「お釈迦さまです」となるはずです。それが「如来」の意味です。

如来、すなわち「タターガタ」の「タタ」にあたる部分は、「真実の・実の・真如・如・それ・そのとき・そこに」といった意味が関連しています。そして、その「タタ」の言葉のもとは、ta「それ」です。このことから、真理とは「それ」と表現するもののことと考えられます。つまり、初期仏教の世界では、真理は端的に言うならば、「それ・事実・ありのまま・今ここ」と理解できるのではないでしょうか。ですから、お釈迦さまは真理をつくられたのではなく、ただありのままを見て、今ここにある、ありのままの真理を説かれたのだと思います。

お釈迦さまがほかの如来の教えを説くことはありませんでした。無上等正覚といって、その覚りの内容は修正のいらない完璧なものだったからです。そうして、生命としてのいっさいを成し終えた終焉、涅槃に入られたのです。その真実をありのままに理解し、ブッダが説かれた教えを学ぶのが仏教の原点です。そのような畏敬の念のあらわれが、「如来」という無二の言葉なのです。

牟尼《むに》

ブッダのことを釈迦牟尼如来《しゃかむににょらい》とも呼びます。牟尼とは、パーリ語のmuniの音写です。ムニの意味は「沈黙」「黙者」「賢人」などです。つまりブッダは「沈黙の聖者」であるということです。スッタニパータの『紛争と論争の経』に、ブッダの言葉として「解脱者は見解を持つことがない」とあります。ブッダには「何かを言いたい」という衝動はありませんでした。世のなかのニセモノの聖者は、「言いたい」という、無智から生まれる衝動に気づいていません。ブッダには有名になりたい、何かになりたいという衝動はなかったのです。何ものかになることが完全に終焉したのが、ブッダです。仏教を布教して世界に広めようという欲もなかったと思います。自ら求めてきた人に対して、慈しみのこころから法を説いたのではないでしょうか。少なくとも初期仏教経典を読んでいると、そのように感じます。

善逝《ぜんせい》

ブッダのことを釈迦善逝《しゃかぜんぜい》とも呼びます。善逝とはパーリ語の sugata スガタのことです。タイにおられる日本人僧のプラユキさんのお寺はスカトー寺という名前です。日本の名前にすると「善逝寺」です。パーリ語のスガタの意味は、「正しく涅槃に到達した」「善く修行を完成した」「正しく善い言葉を語る」という意味です。ブッダの九徳の四番目にあげられています。

ブッダは信仰を説いたのか？

「信じること」「信仰」は、誤解を招きやすいテーマです。世界にはたくさんの宗教があり、それぞれが信仰を説き、それを善としているからです。また、一般的にも信仰は大切で、正しい信仰を持つことが立派な人間のひとつの条件のように考えている人も多いと思います。ある信仰がその人のこころをより柔和で寛容で謙虚で、頑固とは反対の自我の少ない人格に成長させるのなら、その信仰には問題はないと思います。しかし、その信仰が人を頑固にし、「この考えが正しい」と固執し、自我意識を強めるものならば、その信仰は善いものではないでしょう。新興宗教がそれを信仰しない人から嫌がられるのは、信仰している人がその信仰を正しいとして、つまり「自分の考えを正しい」として、教えを押し売りのように勧めるからです。信仰している人、信仰していない人に分類し、他者を同じ信仰に染めようとします。また、それを「布教」と呼び、善行為（正しい）としています。

さて、ブッダは「信仰」や「信じる」ということを、どのように説いたのでしょうか。その核心をついた経文を紹介します。

「何かを信じることなく、つくられざるもの（涅槃）を知り、そうして生死（輪廻）の鎖を断ち切った人、迷いの時を断ち、欲を捨てた人、彼こそ最上の人である」

法句経　九七

この法句経九七では、冒頭のパーリ語が「アサッダ」となっており、サッダ「信」「信じること」に否定の接頭辞が付いて、「信なき」となっています。この一語がすべてを物語っています。仏教の理想の境地である涅槃にいたるのに、「何かを信じる」「依存する」「信仰する」ことは不要で、そうした自分の考えを捨てること、それが仏教者の進む道であることが示されています。そもそも真理は明るく、信じる必要はありません。信じる必要があるのは、それが真実ではなく、人間の見解の域を出ていないからなのではないでしょうか。

とは言え、現に信仰が人のこころに平安をもたらし、社会を浄化する働きもしていると思います。人知を超えた神仏にすべてをゆだねることで、自我やエゴを張らずに世界と調和するなら問題は生まれません。また、そのような人が信仰する神仏は、他の信仰を否定する一神教的な絶対神や特定の名前のある神さまを超えた「何ものか」へと成長しているはずです。その人のこころの成長に応じて、信仰する神さまも成長して、やがてそれは真理（あるがまま）となるのでしょう。親を頼りにしていた子どもが、やがて親に依存することなく、理性で自身の問題を解決できるように成長するのと同じことではないでしょうか。

そもそもブッダの教えは、すべての習慣力、条件づけから自分自身を解放することです。私たちは自分の育った文化や社会、宗教的背景に依存して生きています。私の経験や知識がすでに条件づけされていて、そこから生まれる思考はすべて条件づけされたものです。そのような思考には自由はないというのが真実ではないでしょうか。ですからブッダの教えは、あらゆる経験や知識、思考を捨てる挑戦とも言えます。こころにいかなる権威もない状態が出発点であり終焉なのです。それが、「今ここ」「あるがまま」の真相なのです。

自灯明　法灯明

次の詩句は、「大般涅槃経」大パリニッバーナ経に説かれた、「自灯明・法灯明」で有名な詩句です。この詩句は、ブッダが最期に弟子の阿難尊者《あなんそんじゃ》の質問に応えて説かれたとされていま す。詩句はほんらい「四念処」＝「四つの気づきの場所」を説いたものですが、前半の詩句だけが独り歩きして、日本の仏教では正確にその内容が説かれていませんでした。

「阿難よ、自らを灯にして、自らを頼りにして、他に依存しないで生きなさい。真理を灯にして、真理を頼りにして、他に依存しないで生きなさい…
　このようなこころはどうして起こるのか。阿難よ、修行者は
・身体を観察し、気づき、貪欲と憂いを捨てる。――（身）
・感覚を観察し、気づき、貪欲と憂いを捨てる。――（受）
・こころを観察し、気づき、貪欲と憂いを捨てる。――（心）
・もろもろの事象を観察し、気づき、もろもろの貪欲と憂いを捨てる。――（法）
　阿難よ、このようにして修行者は自らを灯にして、自らを頼りにして、他に依存せず、法を灯として、法を頼りにして、他に依存しないのである」

大般涅槃経二章より

『自灯明』とは、自らをよりどころにすること、簡単に言えば、自分自身を観察することです。仏教の理想の境地である涅槃にいたるのに、神さまの力も、教祖の力も役には立ちません。学びの材料は、最も身近で唯一の今ここにある「自分自身」なのです。冥想によって、自分自身をありのままに観察し気づくことによってのみ、涅槃にいたることができるのです。自分自身も「私」と漠然ととらえるのではなく、実際に感覚は感覚として、感情は感情として、生滅するありのままの姿を冥想によって観察します。ブッダは、「私が死んだ後は、静かに自分自身を観察し、気づくことに励みなさい」と説かれています。

『法灯明』とは、法をよりどころにすること、法はダンマdhamma、つまり「真理」のことです。自分の考えや、誰かの考え、見解、意見を頼りにするのではなく、「真理」つまり「ありのまま」をよりどころにしなさいという意味です。「自灯明」も「法灯明」も同じことを指していて、「ありのままの自分」「あるがままの事実」を軸にして、それらを観察し、気づきを保ち、修行を完成しなさいと説いています。以上のように、「自灯明」「法灯明」を「四念処の実践」と理解して、「ブッダの最期の言葉」である涅槃経を読むと、経典としての一貫性が理解できると思います。

「さぁ、修行者たちよ。わたしはあなたたちに説きます。すべてはつくられたものであり、壊れる性質のものです。今の瞬間に気づくことを怠らずに完成にいたりなさい」

天上天下唯我独尊

昔、暴走族の若者の着ている黒い学ランの裏側に、真っ赤の糸で、「天上天下唯我独尊」と刺繍されているのを見たことがあります。その若者は、この言葉の意味をどのように受け取っていたのでしょうか。伝説では、お釈迦さまのお母さまのマーヤ夫人が、自分の身体のなかに白い象が入る夢をご覧になって懐妊され、花園のなかでお釈迦さまが誕生されました。そして、お釈迦さまは生まれてすぐに七歩歩いて、右手で天を指し、左手で地を指して、「天上天下唯我独尊」と語られたと言います。これはもちろん実話ではなく、ブッダを強く尊敬する人が創作した作り話でしょう。しかし、この「天上天下唯我独尊」という言葉は、よほどのインパクトがあるのか、二千年以上が経過した現代でも多くの人が知っていて、暴走族の若者でさえ使っています。さて、この詩句の意味はいったい何でしょうか？　暴走族の若者は直感的に、「天の上にも下にも、自分がナンバーワンなのだ！」と解釈したようです。

多くの日本のお坊さんも、お説教でこの言葉をよく解説されます。その内容は次のようなものが多いようです。

・自分という存在は、ほかの誰にも取って代わることのできない尊い生命である。
・この世界において、私たち一人ひとりは唯一無二の存在である。だから尊いのだ。

・この世界に生まれてきた私たちには、それぞれに尊い使命がある。

お説教の要点は「自分という存在が尊い」「生命が尊い」「ナンバーワンより、オンリーワン」といった内容かと思います。しかし、原典のパーリ語経典に忠実に解読すると、違ったものになります。まず、この偈には、続きに重要な句があり、その部分が日本の仏教では切り離されています。その句の大意は、「これは最後の生まれである、もはや二度と生存はない」というものです。さて、このことを理解して、今まで説明してきた仏教の真理からこの偈を推察すると、ずいぶんと違ってきます。まず、仏教の真理として次のことが言えます。

・「無常」「苦」「無我」という根本真理があり、自我は存在しない。我は尊くない。
・生きること、生まれること、再び生じることは「苦」であり、尊いことではない。
・私はナンバーワンでもオンリーワンでもなく、涅槃図にあるように、ゲジゲジやミミズやヘビと同じ、ただ一つの生命である。
・肉体は不浄で滅びゆくもの。輪廻の生存も尊いものではない。

以上のことを理解して、この「天上天下唯我独尊」を訳してみましょう。切り離された句を付けておきます。「私は世界の第一人者である。私は世界の最年長者である。私は世界の最勝者である。これは最後の生まれである。もはや二度と生存はない」となります。ブッダが人間としての生死の世界を超え、解脱にいたり、涅槃というもう二度と生まれ変わることのない人類の最終地点に到達する真理を発見し、勝利宣言をしたのだと理解できます。ただし、後世の創作であると私は思います。

笑い話のようですが、そういう意味では、暴走族の解釈がいちばん本質に近いと言えそうです。さて、このように、翻訳された漢訳経典の一部だけを頼りに仏教を理解すると、ブッダの本質から遠く離れたり、ときには正反対の意味になる場合もあります。

今、世のなかは一種のオンリーワン・ブームで、若者が自分探しをして、個性を偏重する兆しを感じます。そのいっぽうで、「ニート」「引きこもり」という社会現象も起こっています。そういったことの元凶が「我」の肯定であるように思えます。仏教が真理とする「無我」の世界、私が世界の中心ではない、私は特別な存在ではない、すべての生きとし生けるものと同じただの生命であることを理解して、ひとかどの者になろうとせず、あるがままの自分で、少欲知足の精神で生きることが大切ではないかと私は思うのです。

輪廻について

昨日、私の息子から「父さん、輪廻はブッダの教えではないのでしょう?」と問われました。

日本の仏教者のなかには、あからさまに輪廻を否定して、輪廻はバラモン教の信仰で、お釈迦さまは輪廻を説かなかった、とさえ言う人がいます。仏教が輪廻からの解脱を最終的な目的としていることを、本気で否定されるのでしょうか。

私は、数ある宗教のなかで仏教が抜きん出て優れているのは、その究極の目的が単なる幸福感の追求や人格の向上にとどまることなく、輪廻からの解脱に置かれていること、その具体的な道が示してあることだと思います。そして、それは涅槃にいたることであり、もう二度と母体に宿ることがないこと、苦しみの生存に終止符を打つことです。それは簡単に言えば、いかなる感情にも左右されることのない、静寂の境地とも言えます。

輪廻を否定される方は、「無常・苦・無我」の本質をまちがって理解されているのだと私は思います。無我が真理なら、輪廻の主体はないから、輪廻はないと考えられるのでしょうか。そのいっぽうで、来世を信じる人は、次の世でも私が継続して存在すると平気で我を肯定します。架空の死後の世界で、亡くなった愛しい人と再会できるというのは、ブッダの教えとは正反対の、自我の継続と肯定以外の何ものでもありません。また、犯罪者も、輪廻や因果応報の理を知らないから、平気で悪いことができるのでしょう。輪廻は信じなくても、原因と結果の法則を理解したら、悪いことだけはやめようと当たり前の智慧が働きます。

輪廻の論議はおくとしても、ブッダの説かれた気づきの冥想をすると、今ここで起こっている変化を観察できるように、こころが成長します。そこには、終わりと始まり、生と滅があります。この生滅変化が無常であり、無我なのです。そして、苦の姿で、理由もなく生滅を繰り返して激しく回転しているものを見ます。世界が流転しているのではなく、私が流転しているのです。これが縁起の姿で、生と滅であり、生死流転であり、輪廻の本質だと思います。その生命の根源が無明の生存欲であり、輪廻、すなわち生死生滅を繰り返すエネルギー源です。無明から渇愛へいたる縁起の姿が、今ここで起こっています。この原因に気づき観察すれば、かれは滅して生は起こりません。輪廻が目の前で起こっている事実を見たら、論議は終わります。そこが寂静の涅槃なのでしょうか。

そもそも、輪廻という言葉は、パーリ語のsaṃsāra（サンサーラ）で、saṃsarati「動き廻る・回り廻る」という動詞からできています。輪廻はもともと大げさな言葉ではなく、「回転する」といった意味の言葉です。つまり、輪廻とは感覚から始まり、思考が回転して、苦楽の感情をつくり、理由もなく生きようとする生命の条件づけされた習慣力とも言えると思います。目の前の何らかのできごとに触れ（感覚）、それが気に入らないと怒る、これが輪廻です。写真に写された女性の身体を見て欲情する。つまり、頼まれもしないのに見て、感覚に触れて、過去の記憶、習慣力を呼び出して、感情をつくる。そして、その場で苦楽の結果を受け、感情を回転させ、生命活動を継続させる。これが輪廻です。輪廻は常に今ここにあります。そして、その完全な終焉こそがこころの静寂、寂静の涅槃なのではないでしょうか。

日本仏教の祖師たちは輪廻を否定するどころか、現代人よりはるかに直観的に、生死の理、すなわち輪廻をありのままに見ていました。鎌倉時代の法然も例外ではありません。師が書かれた有名な「登山状」という法語に、以下の文があります。

「さて、三界という迷いの世界に生死を繰り返してきたあいだ、いったい、いかなる世界にさまよっていたがためにお釈迦さまの出現に巡り遭わなかったのでしょうか。輪廻して四生を繰り返していたあいだ、どのような生を受けてきたがためにお釈迦さまの説法を拝聴することができなかったのでしょうか」

浄土宗総合研究所　「法然上人のご法語」より

鎌倉時代の祖師たちが、どれほど真剣に輪廻の苦海からの解脱を、仏道の中核においておられたかが伺える名文だと思います。

第十八章　チーム仏教

誰が言い出したのか知りませんが、「チーム仏教」という言葉があります。とてもいい言葉で、私は賛同しています。私たち世界の仏教徒は、部派や宗派などの違いにこだわらずに、仏教というチームのひとりとして、やれることをやるという内容です。

ブッダは、スッタニパータの犀角経《さいかくきょう》という経で、「犀の角のようにただ独り歩め」と繰り返し繰り返し、「独りあること」を説いています。「組織」というものは、どんなに立派な組織であっても、組織である以上その本質に権力構造が見え隠れし、排他的な要素が含まれていると私は思います。国という組織が愛国心を生み、敵対する国をつくる破壊的なエネルギーとなることは、すでにみなが気づいているでしょう。日本国がかつて若者を戦争にかりたて、同じ人間を殺させた事実は周知のとおりです。企業の一員になれば、サラリーをもらえる反面、義務が生じます。温かい家庭という組織であっても、依存するとその反作用があり、苦しみのもとになります。また、仏教に星の数ほどできた宗派という小さい組織は、互いにお釈迦さまの言ったことを断片的に解釈してイデオロギー（主義主張）をつくり、悪く言えば分裂し、本質からどんどん遠ざかっていく面も出ています。そして、実際に宗派同士の対立まで生じたこともあります。

そもそも、真理はひとつのものであり、真理には分裂はありません。地球がまるいという真理が明らかにされたら、それで論議や紛争は終わります。山や海があることを信じる必要がないように、真理は信じる必要もありません。それは今ここにあるがままにあるからです。山や海があることで、戦争も争いも起こりません。

この単純な理《ことわり》を、私たちは善良な人間として、こころの底から理解するべきです。たとえどんな組織、夫婦、家庭、会社、学校、地域社会、国家に物理的に所属していても、ただ「独りあること」がすべての原点です。それは人を支配しようとする、いかなる執着も持たないことです。夫婦であっても、相手を所有することも、支配することもできません。執着することがもともとできない無常なものである、という真理をありのままに見ることです。できないことをしようとすると苦しみが生じます。チーム仏教とは、このようなブッダの教えの原点にある「独りあること」から出発した一人ひとりの仏教徒にほかなりません。

私は京都の南東、都の辰巳に住む田舎者の坊守です。さまざまな組織に物理的には所属しています。その組織を批判する気持ちはさらさらありません。ただ、私はチーム仏教のひとりで、チーム仏教の最前線で出会う、これまで仏教に縁のなかった人、関心のない人、さまざまな葛藤や悩みを持った人に、ブッダの教えを簡単な言葉に変えて伝える役割をしています。チーム仏教に属している私は、依頼をうけた仏事は、自分の所属する宗派の儀礼に従って丁重に修しています。そこで出会った人々のこころが少しでも浄らかに、安らかになることを願って、精一杯のやれることをただ実行しています。

私の話を聞いて、喜びを感じてもらえるときもあります。相手にされないこともあります。たいそうな布教活動はしません。信者を増やす必要もありません。私のできることとして、ただ正しく「見る」「聴く」「考える」「言う」といった行為を、喜びとして実践するだけです。そうして、私は「ただの人間」であって、「独りあること」が自由であり、幸福であり、会員登録も会費もいらないチーム仏教にあるひとりなのです。何かの組織に参加して自由を得るのではなく、最初から独りの生命としての自分自身と真理（法）を燈明として出発するのが仏教徒の姿ではないでしょうか。

第十九章　冥想日記

《冥想》

冥想は、こころを浄らかにしようと努力することではありません。汚れ乱れて激しく回転している浄らかでないこころを認めて、ありのままに見ることが冥想です。浄らかであろうとする努力を捨てることから始めます。また、冥想を実践すればすぐにわかることですが、じつにこころは、ことごとくその実践に逆らいます。眠気、痛み、雑念、妄想、こころはよいこととわかっていても実行しようとしないのです。また、冥想は上達することもありません。常に「今ここ」という世界に上達はないのです。すべては常に変化していて、私という実体のない世界に上達の必要はないのです。

あなたは今を生きていますか？　あなたが今日まで生きてきたこと、学んできたことはパターンへの適応になっていませんか？　もしそうなら、あなたが従ってきた規律はあなたを台無しにしてきたのです。そのような条件づけのすべてを手放すことが冥想です。

《冥想のききめ》

・青空、雲、木々の新芽、石ころなど、身のまわりの美しさに立ち止まり、時間が静止する。

・遠くを走る電車の音、鳥の囀《さえず》り、近くで起こる家のきしみなど、ありのままに聞こえる。

・感情が静まり、こころの平安を感じる。

・以前はこの場面で感情が出てきたなぁ、と以前の反応を客観的に振り返ることができる。

・まるで画面に映るテロップのように、自分の思考が明確にわかる。

・意識と無意識の水平線が下がり、無意識であった感情のプロセスが意識化する。その結果、感情的になることがなく、こころが成長して穏やかに生きられる。

・欲求が少なくなり、暮らしに満足感がある。

・結論がいらなくなる。早急に結論を持つことは不自由だとわかる。

・すべてが感覚から始まっていて、その感覚は常に変化していることがわかる。

・自分に触れるあらゆる事象が常に変化していて、自分も常に変化していることが見える。

・すべてが常に変化している事実をありのままに見たら、生が死であることが理解できる。

・すべては消滅する、私も死ぬ、と思うと、怒りや欲が消えて安らぐ。

・私たちは生には逆らえても、死には逆らえないと知り、いつ死んでもよしと思える。

・自分が特別な存在ではないことが理解できる。

・生命の本質が肉体（物質）ではなく、こころのエネルギーであると理解できる。

それはすべての生命に共通していて、一匹のアリと私は同じ生命だと納得する。
・ありのままの自分を知っているので、人のこころもわかるようになる。
・まわりの人、他の生命の感覚を感じて、人を傷つけることは言わなくなり、他の生命に対しても優しくなる。
・名前と実体が離れる。ペットボトル・リンゴ・妻・子ども…、名称が消えて真相が見える。
・そもそも思考とは言葉であり、冥想で静かな精神の祝福を妨げるのが、つまり言葉だとわかる。

私は冥想が楽しみですが、一時間も座れば、身体の痛みやじっとしている苦痛、動きたいという衝動など「苦」も起こります。しかし、そんなときでも、ありのままの事実が認められ、楽に生きられるようになります。

ある朝のことでした。その日は忙しく、午前中に四時間の授業がありました。六時に起きて、八時頃に出勤するまでに、十五分の空いた時間がありました。十五分でも座って冥想しようと思い、座る動作に入りました。そのときに、「十五分では短すぎて、やってもむだかなぁ」という思いが頭をよぎりました。「あっ、私はいつもこうして何か実行する前に、ありもしない未来の結果まで考えるんだ」と、その妄想にありありと気づきました。すると次の瞬間に、驚くほどのこころの静寂が現れました。一時間座ってもこころの静寂にいたらないときもありますが、その朝は、座る動作をしているさなかに、こころの静寂、祝福が訪れました。家を出て自転車で学校に向かう道中、狭い道路に二十人ほどの中高生が往来して混雑していました。それぞれの人どうしの距離は、瞬間、瞬間に縮まったり、広がったり、変化していきます。私はそのあいだを縫うように自転車で通過しました。人が私に気づき、歩みを変え、その息づかいまで感じ、刻々とすべての事象は変化しています。スローモーションで空間を浮遊しているようで心地よく、一瞬も同じ感覚はありませんでした。人のこころの動き、首筋を通る風の流れ、垣根の黄色く眩しい花、すべてに対して選択なく気づいているマインドフルなこころの状態です。冥想の効用は努力したからといって、あらわれるものではありませんが、何の期待もない、ふとした拍子に向こうからやって来るものです。

《冥想は必要ないと言う人に》

「私には冥想は必要ありません」と言う人は、まず、自分のこころの汚れに気づいていない人です。平常心などと言いますが、私たちの平常のこころは、濁った泥水が激しく回転しているような状態です。毎日の暮らしがそうなので、その汚れに気づくこともありません。濁った泥水をきれいにするのは、意外に簡単です。何もしないで、放っておけばいいのです。しかし、人は十秒も静かに座れないのです。そこで正しい冥想が必要になるのです。正しく実践すれば、自然にきれいな水に戻ります。

《気づきの醍醐味》

気づきの世界のおもしろさ、楽さ、その本質を理解し始めたら、気づきの醍醐味は、一刻一瞬でも速く「感情」に気づくことだとわかります。じつに、気づきの醍醐味は感情に気づくことなのです。そして、それはその「感情」から完全に自由になることであり、完全に捨て去る、消滅させることでもあり、それが幸福の姿なのです。感情が生まれることであり、その速さは光速です。あなたが人を見て、声を聞き、理解し、「怒り」や「喜び」の感情が生まれるのは一瞬です。しかし、心配いりません。ブッダの教えによると、「気づき」の速さは、光の速度より速いと言われています。物質の変化より、こころの変化のほうが速いということです。腹の底にあるうねりのようなこころのエネルギーの変化に気づき、肉体に炎が生じる前に消し去ることができるようになります。

先日ある葬儀場に車を運転して出向きました、駐車場に車を止めたら、今日はここではありませんとガードマンに注意されました。車を移動して別の場所に駐車しなおしたところ、また同じガードマンが駆け寄ってきて、そこに止められたら困りますと言いました。もう一度車を十メートルほど移動させて、空いている場所に止めましたが、そこも止めてはいけないとさらに注意されました。僧侶が葬儀場に行くと、いつもは天皇陛下のように扱われます（笑）。が、このときは状況が違いました。三度目に注意を受けたときに、「怒り」の感情が生じました。そのガードマンがまちがったことを言ったり、態度が悪かったわけではありません。私の思い違いが原因で、ガードマンはただ忠実に仕事をしただけです。

二度目までは、怒りは生じませんでした。三度目に言われたときに、「なんでなん！」と反論したくなって、ガードマンの言葉が聴けませんでした。その次の瞬間には、「怒りが生まれた」と気づいたのですが、この気づきは少し手遅れでした。その後そのガードマンが玄関でニコニコと私を出迎えてくれたのですが、私は少々意地悪くそのガードマンの目を見なかったのをハッキリと記憶しています。その衝動にも気づき、「あっ、まだ余波があるんだ」と気づきました。

この例は、「怒り」には気づいたのですが、少し手遅れで、すでに小さい炎が失火してしまった状態です。小さくてもいったん炎が上がると、その感情の波は余韻を残し、完全に消えるまでに時間がかかります。玄関でガードマンに迎えられたときは、なんとなくおもしろくないという感情に支配されていて、素直にその人の目が見られなかったのです。わずかでもわだかまりを残したくないので、帰りには、そのガードマンの目を見て「ご苦労さま」と丁寧に会釈して帰りました。気づきの冥想でこころが成長すると、今まで無意識だった、感情が生まれるプロセスが意識化してきます。肉体に感情が広がる前のこころの動きに気づき、感情が成長する前に手放すことが、気づきの醍醐味です。

常にマインドフルに生きて、気づきが迅速であれば、決して「怒りの炎」に苦しむことはありません。ブッダの教えに、「生涯を通して、常に怠ることなく気づきを保ちなさい」とあるのはこのような意味かと思います。

《手放すこと、気づくことと「フラワリング」》

エロスという言葉があります。もともとはギリシャ神話の愛の神、美の神のことであったらしいです。異性に対する性愛の最も純粋な状態のことかもしれません。私にもその感じ方があり理解できます。日常生活でふと異性の姿を見たとき、その立ち居振る舞いを見て、そのような感情が自然に生まれる瞬間があります。美しいものに対して美しいと感じる瞬間があると思うのです。ただし、この感情が継続すること、追い求めることは決して快感ではありません。それは苦しみです。このような感情に執拗に執着して追い求める人が、変質者とかストーカーなどの犯罪者になってしまうのでしょう。それでは、私と変質者の違いはどこにあるのでしょうか？　また、私とごくふつうの冥想しない人との違いはどこにあるのでしょうか？　このようなエロスの感情を好み、良識の許す範囲で楽しむ人がふつうの人かもしれません。その人は、エロスや美しいという感情に適度にアクセルを踏み、適度にブレーキをかけ、五欲を楽しんでいるのでしょう。

ここにそれらとはまったく異なった対処の方法があります。ある聖者がそれを「フラワリング」と呼びました。日本語で言うと、「開花させること」でしょうか。つまり、何かに触れて、「美しい」という感情が生まれたときに、その感情をありのままに見て、何ひとつ否定も肯定もせずに放っておいて、手放した状態で気づいているのです。それはまことに不思議な瞬間で、一輪の花がありのままに咲いて、そして終焉します。

問題があるのは、目の前の対象ではなく、「欲しい」「触れたい」あるいは「見たくない」と、肯定しかつまた否定する私の思考です。それが葛藤を引き起こして苦しみ（快楽）となります。常に気づきのある者は、美しいものを見て、美しいと感じて、そのこころの動きに気づき、ありのままに観察して、その感情自体が一輪の花のように開花して、その後、枯れ落ちていくのを見ます。そこには美とひとつの終焉があるだけです。こころに感情が生じても、その感情に気づき、思考という燃焼のエネルギーを与えなければ、その感情は跡形を残すことなく終焉を迎えるのです。フラワリングが起こるのは一刹那です。実際に計測したことはありませんが、「美しい」と感じる時間は、一秒のような長い時間ではありません。それは十分の一秒以下のできごとです。次の刹那に「気づき」が起こり、この間合いが生死生滅、輪廻を終わらせます。このプロセス自体がブッダの説かれた道であり、「気づきの冥想」だと思うのです。

《冥想の実際》

ブッダの冥想とは、ありのままの自分、今この瞬間に目覚めること以外に何もありません。ある爽やかな朝のことです。外では鳥のさえずりが聞こえます。遠くからセミの声が聞こえ、カラスは南の空へと鳴きながら移動しています。私は本を書くのに漢字の送りがなを調べようと、パソコンに向かっていました。インターネットの画面を開くと、隅に若い女性の姿がありました。その画像に目をやると、突然その女性の姿が拡大して画面に浮かびました。それは下着の会社のコマーシャルでした。ふくよかな胸の谷間と下着のラインが強調されていて、エロスではありませんが、女性の柔らかさとふくらみの質感に魅せられ、時間を奪われました。さて、この感覚は快楽でしょうか？　それとも苦しみでしょうか？　心地が悪いわけではありません。しかし、私の目的は漢字の送りがなを調べることでした。これはその目的をじゃまする誘惑に違いありません。目的を捨ててしまえば、つかの間の至福を味わえるのでしょうか？

これは私の日常のよくあるひとコマです。生きるとはこのようなひとコマの連続です。そして、この「葛藤」が人生に起こるすべての問題の根本原因なのです。私は幸い、この瞬間に目覚めることができました。私は二〇インチの液晶画面を見て、過去の習慣力から感情が生まれ、その画像の誘惑に酔って、目的を忘れかけています。じつに見ているのは若く美しい女性ではなくて、パソコンの液晶画面です。次の瞬間には、扇風機の風を感じ、カラスの声が聞こえました。生じた感情は一輪の花のように咲いて枯れました。それは抑圧でも我慢でも怒りからでもありません。若くて美しい女性が老婆になって死を迎えたような自然な成り行きです。こころに浮かぶ事象と戦うことなく、その一部始終のありのままを見ています。

人生のできごとは、いつでも感覚に触れることから始まります。音や光や色の感覚に触れると、何かが生まれてやがて消えます。本当にあるのは、生と滅だけでそれ以外は何もありません。すべては実体がなく、ただ生滅を繰り返しています。この姿を無常といい、冥想は無常を観察するものです。すべてが無常で、実体がなく無自性（無我）です。

このような瞬間が冥想の実際であることが理解できるでしょうか？　ありのままの自分に目覚めていることです。ありのままの事実を見ることです。私は尊い存在ではありません。いつでもそこにいるのは、哀れでちっぽけで欲にまみれた「私」です。それがありのままの私で、その私に気づいたら、私は消えてなくなります。それが安らぎです。

「すべては無常です。生じては滅し、滅しては生ずる。すべての生滅が滅し終わることが、安楽です」とは、ブッダの言葉です。

このできごとは、約一〇秒間のできごとです。こころに起こるありのままに気づいていることは楽です。常に選択と無選択の自由があります。感覚に触れて現れるものは、習慣力（業）によるもので、それは過去の記憶や知識と感情です。しかし、その一部始終に気づくことで、習慣力（業）に支配されることはなくなります。そこに自由があります。

「さあ、弟子たちよ、もろもろのできごとは消えていく、一刻も早く速やかに気づき、人格の完成にいたりなさい」。これは涅槃経にあるブッダの最期の言葉と言われています。

《アサガオの観察と仏教の観察》

小学校でアサガオの観察をするときは、種の色や大きさ、双葉の形、葉脈の数を調べたりします。目の前のアサガオを見ることからどんどん離れて、既知の問いかけから既知の答えを得て、知識が増えていきます。このような知識は、もの知りになって成績は上がるかもしれませんが、こころを育てることや智慧の完成には役に立ちません。それどころかじゃまになるばかりです。そうした思考を止めて、ただありのままを見ることを「止観」と呼びます。

仏教の観察では、まず「私はアサガオをまったく知りません」というところに立つのです。「アサガオ」という言葉もいりません。「わかった」と思ったら終わりです。「ただ見る」、これが仏教の観察です。

《現世利益《げんせりやく》とは》

現世利益という言葉は知っていますね？　これは怪しい宗教団体のことを示す言葉ではありません。意味は「この世で利益を得る」ということです。つまり、私たちのふつうの社会生活そのもののことを示しています。学校に通い、知識や技術を得るのは現世で幸福を得るためです。スポーツに励むのも、ダイエットして美しくなりたいと思うのも、すべて現世の利益です。

「**現世利益**」とは、世俗のこの世界そのものの姿でもあります。仏教ではこの世界のことを、娑婆《しゃば》・穢土《えど》・忍土《にんど》・欲界《よっかい》などと呼び、この世は執着する価値のない世界と説きます。現世で幸福を得る道は終わりのない道で、迷いの道、苦しみの道です。決して本当の満足を得ることはできません。仏教では現世利益のすべてを否定はしませんが、ほどほどにという小欲知足の生き方が不可欠です。

それでは現世利益の反対の言葉は何でしょう？　これが仏教の理想である「涅槃寂静」と言えます。

「**涅槃寂静**」とは、仏教の道、涅槃に達する安らぎと静寂の道です。終わりのある道で、離欲の道には完成があります。結局この世であろうが、あの世であろうが、完璧に勝利を得る道とは「何かを得る道」ではありません。「ものから離れる道」「手放す道」「捨てる道」です。離欲の道には終わりがあります。本当の充実を得るためには、ものは要りません。足りないから満たそうとするのではなく、私は何も要りません、というこころが幸福です。あるがまま今ここに満足があり、足りないものはありません。そこに究極の安らぎが生まれます。それを涅槃寂静というのです。

《**創造的な不満と知足**》

人生において、不満を持つこと、疑問を抱くことは必要不可欠です。不満があるからこそ、さまざまな問題を提起し探求して、何が真実であるかを見出すことができます。青年の頃は、あなたもこのような生き生きとした不満を持っていたのではないでしょうか？

不満の炎は決して満たされることはありません。しかし、大人になるにつれて、その不満はどこかへ置き去りにされます。仕事を得て家族を養うことで精一杯になり、不満は鎮まり砕かれて、私たちはしまいに中途半端な存在になってしまいます。私たちの精神は何か夢中になれることを見つけて、型にはまった行動を形づくります。信仰も趣味も仕事もそのような情熱のない繰り返しになっていないでしょうか？　私たちはこのような生活に慣れ親しんでしまって、疑問にすら感じていないのではないでしょうか？

私たちの根本的な問題は、どうやってその不満を鎮めるかではなく、いかにその創造的な不満＝「苦」を生き生きとさせておくかなのです。あなたの信仰が、不満を鎮め従順に教えに従って生きることであるとするなら、それはブッダの教えではありません。ブッダは、その創造的な不満、つまり「苦」は聖なる真理であるとして、「苦聖諦」を説かれました。真理を探究するためには、この不満を持つこと自体は必要不可欠なのです。不満は決して満たされるものではないことを生き生きと知ることが、知足「われ、ただ足るを知る」なのではないでしょうか？

《大いなる不満》

藤原道長は、「この世をば　わが世とぞ思ふ　望月の　欠けたることも　なしと思へば」

という歌を詠みました。この歌が歴史に残っている理由は説明するまでもないですが、「驕《おご》る平家は久しからず　栄枯盛衰月満つればすなわち欠く」という格言が語るように、権力を勝ち得た者の哀れな終極の姿を暗示しています。この世で権力を持ち、巨額の富を得て、高級車を所有し、愛人をかこって満悦する人のこころは、貪欲に満ちあふれた、乏しく貧しい、醒めて悲哀の自己満足です。

そもそも、人間がこの世で本当に完全な満足を得ることができるのでしょうか？　まわりに不幸な人がいて、それでも自分は完全な満足を得るという考えは、それ自体が哀れな人間の姿と見えます。

不満が満足を得るための手段となっている人は、満足というシャボン玉を追い求めて、絶望へと続く崖っぷちを疑うことなく突っ走る、哀れな人生を送ることになるでしょう。

いかなる満足も受け入れることのない「大いなる不満」があります。この大いなる不満を理解することが何よりも大切で、そこに初めて小さな不満と満足を越えた、吾唯足知という世界があるのでしょう。

《**頑固**》

人が頑固に見えるとき、また、人を批判しているとき、たいていは自分が頑固になっています。頑固さは、自分が正しい、高慢、エゴ、嫉妬、怒り、欲などの感情から生じます。放っておいてもよいものではありません。ただちに気づいて手放す習慣こそ身につけましょう。

《考えに自由はない》

意識と無意識を分けたりしますが、本当にあるのはひとつの意識です。そして、その意識は常に過去のものと言えます。何か対象を認識し判断するとき、それは過去の記憶・知識であり、「今ここ」のものではありません。今とは感覚そのもののことでしょうか？

考えることとは、事実を否定し拒絶するか、受け入れて同一化するかの二つにひとつで、そこに自由はありません。自分の信念に服従すれば、過去はいよいよ強まって頑固になります。このように過去（思考）が継続することを未来と呼んでいて、未来にも決して自由はありません。

《争いのもと》

ここにひとつの果物があります。それを日本人が見たらリンゴと言います。イギリス人が見たらアップルです。トルコ人が見たらエルマです。イタリア人ならメーラです。これらはどれも正しいのですが、正しいことを正しいとすることで争いが起こります。これを見解と言い、「私にはどう見えたか」ということで、真理ではありません。ありのままの事実を見ることで、すべての争いが終わります。真理には名前もありません。見ている「私」もありません。それで、真理はひとつなのです。

《徳》

すべての人が幸福を求めて生きています。では、実生活において、あなたは何にリアリティを感じて生きているのでしょうか？　ある人にとっては、お金や地位や仕事の達成感でしょう。ある人には恋愛であり、ある人には週末のゴルフであり、ある人には預金通帳の数字であり、またある人には家族と過ごす時間であったりします。多くの人は、目に見えるもの、感じられること、物質的なものに、幸福のリアリティを見出しているのではないでしょうか？

ここに、そういったものとは別のリアリティがあります。それは「徳」です。じつは、みなさんがリアリティを感じているものには、本当はリアリティがないのです。すべてやがて消えてなくなるものです。地位も名誉もお金も家族も、肉体ですら、やがて壊れゆくはかないものです。目に見えるものはすべて壊れゆくものなのです。本当に大切なものは目に見えないものです。徳は目には見えません。徳があっても、スーパーで買い物はできません。しかし、徳ほどリアリティがあるものはほかにありません。

「徳」とは、人生のどんな場面でも、何が起きても、幸福に生きる力のことです。事故に遭っても、病気になっても、食べるものがなくても、命が終わる瞬間にも幸福に生きられ、あの世でも幸福を得ることができると言われています。若い頃はごまかすことができても、年を重ねれば重ねるほど、ごまかしは効かなくなります。身近な老いた人の姿をよく見てください。徳のある人と徳のない人の違いは、人相や立ち居振る舞い、すべてに明白にあらわれています。それは、あなたの肉体ではなく、こころそのものに宿る最もリアリティのある尊いものだからです。道徳とは、その徳を得る道であり、「徳」は「慈しみのこころ」で育てるものです。今からでも決して遅くはありません。徳を積むことを人生の目的にするべきなのです。

《道徳のレベル》

①「道徳を守らない人」　他の生命を平気で傷つけ、与えられていないものを盗み、自分の欲望のために嘘をつき、お酒や麻薬などに好んで近づく人。このような人はこの世で幸福を得ることはできません。あの世では三途（地獄・餓鬼・畜生）以外に行く先はありません。

②「損得や利害を考えて道徳を守る人」　交通ルールなど、見つかったら罰金があって損をするから守る。人目や立場を気にして、悪く思われるのが不利益になるので守る。道徳が自分の外にある人です。このような生き方では、人から信頼されることも、本当の幸福を得ることもできません。せっかく人間に生まれたのに、残念な人生です。

③「正しいとして道徳を守る人」　決めたこと、決まったことだから守る。それを当然、正しいとして守る人。道徳を守ることで周囲に与える悪影響は少なくなりますが、このような人は道徳を守らない人を責めるなど、こころの問題が解決されていません。国家が戦争

を始めたら、それを正しいとして自ら進んで人を殺すかもしれません。まだ危ない人です。

④「こころのお守りとして道徳を守る人」　悪いことをするとか、悪いことをしたい感情はほとんど解決されます。まず、智慧のある人の言うことを守る、小さな悪にも注意して守る。ここが仏教徒としての、また人間としてのスタート地点かもしれません。道徳が自分のこころのなかに生まれ始めた人でしょう。

⑤「悪いことができない人」　人生の方向が根本的に変化したとき、戒めや道徳という言葉さえ必要ありません。お金に価値を見出さない人は、人のお金を盗むことはありません。どうしてわざわざ災いを自ら引き寄せる必要があるでしょうか。このような人格を育てて仏道を歩むことが、本当の仏教徒の生き方です。

《無我について》

若い頃、「無我」という言葉は難解でした。現在、仏教を学んでいる人のなかにも、無我が「自我のすべてをなくすこと」と混線して理解している人が多いのではないかと思います。じつは私もそうでした。仏教の目指す理想の境地をあらわした大切な言葉なのですが、まちがって理解されやすい言葉でもあります。歴史のなかでも、多くの修行者が自我をなくすために厳しい修行に臨み、命まで落としてしまった事実があります。ブッダが苦行を完全に否定したにもかかわらず、そのような苦行をいまだに尊重する傾向があるのです。

二十代の終わり頃、ある鶏飼いの男に、『我当然、執抹殺』という言葉を教わりました。「我は当たり前で、執着を抹殺するのだよ」という意味です。この短い言葉は私にとっては、目から鱗のおちる革命的な言葉でした。「カァー」と聞こえたら「カラス」と想うこと、「ミソシル」と聞いたら「味噌汁」を想うことは当たり前で、「それが正しい」「絶対だ」と「自分の考えに執着することを瞬時に抹殺して捨てよ」という意味の言葉でした。そうして、私はその後の約十年間、養鶏をしながら、その人を先生として仏教のいろはを仏教とは無縁の鶏飼いから学ぶことになりました。「見ること」「聴くこと」「言うこと」「話し合うこと」「研鑽すること」を学びました。

《**知識と智慧**》

大学の試験も、企業の面接も、お見合いも、智慧をテストで測定できたら、相手の本質はそくざにわかります。しかし、残念ながら、知識は測定できても、智慧は測れません。知識とはある意味で物質的なものです。パソコンのデータのように脳に記憶として存在します。知識はテストしてその量や整理状態も測れます。言語を通して人に伝えることもできます。勉強ができて、良い成績をとれるかもしれませんが、その本質はただ多くの過去を思い出す能力です。便利なことがあったとしても、幸福に生きることや、今を生きることには役立ちません。

いっぽう、智慧は物質としてはとらえられません。姿かたちがないので、人に教えることも蓄えることも触れることもできません。今を生きる力で、過去の知識とは無縁のものです。思考を重ねても育つものではありません。それは、事象をただありのままに見ることとも言えます。そして、何が起きても対応できる生きる力であって、命が終わるときも、その後も役に立つと言われています。

《恐怖》

私たちが抱える問題の根本に恐怖があります。恐怖が来世やあの世、不死や魂、死後の世界といった人間に都合のいい理論をつくります。来世が、死後も私を継続したいという死への恐怖から派生していることは、簡単に想像がつくと思います。なんとしても生きていたいという「生への執着」「生存欲」が背後に感じとれます。

《苦しみ、恐怖の源》

私たちの身近に起こるどのような小さな苦しみや恐怖にも、そこには思考が関与していることを観察してください。それは、「なんとかしたい」「何かでありたい」「何か実現したい」というこころの動きです。指の小さな傷も、傷が苦しみではなく、「なんとかしたい」という思考が苦しみです。そうして私たちは、恐怖の解決が安心を得ることだと思い違いをして、安心安定を求めます。しかし、ブッダは、恐怖の解決は恐怖の原因を探究して、それをなくすことだと説かれました。真理である「苦」をなくすことは不可能ですが、それに対して「なんとかしたい！」ではなく、「あるがままに見る」ことが問題の終焉なのです。恐怖の反対が安心なのではなく、勇猛になることも解決ではありません。自分をありのままに見ることが、最初の一歩であり最後の一歩なのです。

《正しい考え》

この書では、思考を捨てること、思考が妄想であることなど、考えることを一貫して否定してきました。そのことに他意はありませんが、正しい思考がないというわけではありません。ブッダの時代から、正思惟《しょうしゆい》と言い、正しい思考を説いています。しかし、仏教を実践する人が、あえて正しい思考について思い悩む必要はありません。正しく冥想の実践をすると、こころに空間が生まれます。その空間が静寂であり、その空間に知識とは異なる智慧が生じます。正しくこころを育てる実践をすると、自然に正しい考えが生まれるということです。欲や怒りの感情が消えて、事象をありのままに見る人に生じる思考は、正しい考えであるということです。

《成功について》

成功する、目標を達成する、とはどういうことなのでしょうか？　これは個人的な価値観なので、自分にとって成功とは何なのかを、静かに自問しなければなりません。また、成功者とはどのような人をいうのでしょうか？　もし自分が今やっていることで有名になりたいと考えていて、その希望が実現することを成功と呼んでいるのなら、それは成功でしょうか？　欲望を満足させ、希望が成就することが成功なのでしょうか？　有名になりたいと思うことは愚かなことです。ありのままの自分の姿では満足できないので、ほかの人からの評価で自分を高めたいと思うのでしょうか。

冥想を実践する人の目的が悟りで、苦しみから解脱し、涅槃に入ることだとします。その冥想者が一心にそのことをこころに念じ続けて冥想すれば、成功する、つまり解脱することができるでしょうか？　彼には、今ここにある、ありのままの自分の姿を見ることはなく、「何かになりたい」という衝動が常に継続していることになります。

冥想者が捨てなければならないのは、「何者かになりたい」という衝動であり、それは、私は努力することで何かになれるという幻のようなものです。その衝動は、冥想中に「知りたい」という衝動として現れます。何か対象に触れて感覚が生じます。そして、その対象が何であるかを知りたいという衝動はしつこく、なかなか捨てられません。

何者かになろうと努力する人、何かを知りたい人には、時間が必要になります。それが思考することであり、がんばることであり、欲望は成就するという妄想です。この衝動があるときは、みごとに「今ここ」「あるがまま」がないのです。

冥想者にとっては常に、「今ここ」「あるがまま」の自分の姿をありのままに見ることが、最初で最後の一手なのではないでしょうか。

《自由》

まさか、大金持ちになり、高級車を所有して、奥さんのほかに愛人まで持つことを自由だとは思っていないでしょう。しかし、自分の思いどおりになることが自由だと思い違いしている人も多いと思います。今の世のなかですべての人の思いどおりに事が運んだら、今以上におぞましい悲惨な世界が現れるのではないでしょうか。

何かから自由になることや、好きなことをする、好きなものを手に入れる、好きなことを考える…などが自由ではないと思います。自由とは、恐怖がないこと、衝動がないこと、安心を得たい、自由になりたいという欲求がまったくないこころの状態とは言えないでしょうか。また、それは最終的に獲得するものではなく、出発点こそが自由であり、自由なこころからのスタートであって、同時にゴールでもあります。

《ナンバーワン、オンリーワンより、「ただの人」》

ひと昔前に、ナンバーワンよりオンリーワンという歌が一世をふうびしました。誰もナンバーワンを目指した落ちこぼれにはなりたくありません。そして、時代は変わり、今若い世代では、オンリーワンを目指した引きこもり、自分探しに明け暮れるニートのほうが、切実な問題になっています。個性を過度に尊重する傾向は、物質の飽満と、親社会の人生観にも関係があります。

子どもの個性を伸ばすという親の強力な思い入れが、子どもの名前にもあらわれています。小学校のクラス名簿を見ると、フリガナがないと読めない名前の多さにびっくりします。親の気持ちを思うと思わず苦笑いしてしまいます。しかし、このことは、私のような一週間に一回、一日に四クラス、約一五〇人の子どもを指導する非常勤の教員には、たいへんな問題です。子どもの外見の特徴と名前を記憶して子どもを識別し、その子の課題を理解して継続的な指導をするのですが、その生命線の子どもの識別が難しくなるのです。親御さんには、読める名前を子どもにつけてほしいです。

私の寺には、四百年前から伝わる過去帳があります。それは、昔の戸籍に匹敵する大切な古文書です。その過去帳を見ていますと、一族の子どもの名前が、男なら、一郎、二郎、三郎、四郎と並んでいたり、女なら、三月に生まれたお梅さん、節分に生まれたお節さん、四月生まれのお春さん、といった具合で、驚くほど単純明快です。そのうえに、笑い話のようですが、子どもを産むのもこれで終わりと思えば、子どもの名前が、末吉《すえきち》とかお末《すえ》となり、それでも生まれたら、留吉《とめきち》やお留《とめ》という名前がつけられ、それでも子どもが生まれたら、マツとか、待吉《まつきち》などという名前がつけられています。この思い入れのない命名にも苦笑いします。

現代の親と、明治時代の親の違いは何でしょう。現代の親には、他人に呼んでもらうことは、大切ではないようです。昔の親は、社会的な識別が命名の本質だということを理解していて、子どもに対する思い入れはさほどなかったのでしょう。

いつの時代も、親の愛情は大切ですが、親の思い入れはないほうが子どもは正常に育つのではないでしょうか。仏教の目指す人間像は、ナンバーワンでも、オンリーワンでもなく、自分は特別な人間ではない、「ただの人」と言えると思います。個性的で、自我が強いことより、無我を説きます。無我は、「私の」「私が」という我のない、ただのひとつの生命の自覚とも言えます。

《顛倒《てんどう》　あべこべ》

般若心経に、「厭離《おんり》一切顛倒夢想」という言葉があります。「厭離」は離れること、「顛倒」はあべこべ、さかさまといった意味で、簡単に言えば「すべての誤った考えから離れる」ということです。真理の世界から見ると、私たちの価値観はおおむねさかさまになっています。価値のないものに価値を感じ、本当に価値のあるものに価値を感じていないのです。

物質的な世界で生きている人は、お金や家、着る物、自動車、パソコンなど、目に見えるものに価値を見出します。目に見えないものには価値を感じないのです。しかし、命が終わるときのことを考えると、そういった物質的なものは身体があるときにのみ一時的に価値が生じる夢幻のようなものだとわかります。臨終の夕べに、一億円の札束を積まれても何の役にも立ちません。そのときが来て、本当は「徳」や「慈しみ」が価値のあるものであったと気づいても手遅れです。本当に価値のあるものは、その価値が状況によって変わるものではありません。しかし、日ごろ私たちが価値を感じているものは、そのときその条件下で、たまたま価値が生じる幻想のようなものです。トイレに入ったときは、一万円札よりトイレットペーパーのほうが価値があります。お風呂に入るときは、タオルや石けん以外は価値がなくなります。この今ここにある、ありのままの世界に目覚めましょう。

本当に価値のあるものは目には見えないものなのです。物質ではありませんし、記憶や思考の世界にはありません。

《独りあること》

「独りあること」と孤独や孤立は違います。世の人々は孤独を嫌い、友だちをつくり、恋人をつくり、家族を持ち、自ら安心できる組織に入ります。私は天涯孤独で孤独が好きだと言う人も、案外ブログやペットにしがみついていたり、孤独を避けるように、趣味のなかに自分の居場所を見つけ出しています。
ブッダは「独りあること」を勧め、そして何も所有することなく、どのような組織にも属さず、生涯「独りあること」という言葉どおりに生きられました。
スッタニパータという最古の経典に犀角経《さいかくきょう》という経があります。「独りあること」を「犀の角のように独り歩め」という言葉であらわし、およそ四十偈も説いています。その最初の偈を見てみましょう。

「すべての生きとし生けるものに対して暴力をふるわず、どのような小さな生命も害さず、子どもや友だちに依存することなく法友すら求めない、犀の角のように独り歩め」

「独りあること」は真理なのです。私たち人間は独り生まれてきました。何ひとつ自分の所有物はありませんでした。身体すら母親から貰ったもので、自分のものではありませんでした。私たちの生涯は、いつも本当は独りです。そして、命が終わるときも独りで去って往きます。「独りあること」を知っている人が、本当に人とともに生きることができて、友のあることをこころの底から喜び、孤独孤立とは無縁の、一回かぎりの人生を余すところなく生きることができるのではないでしょうか。

《関係》

関係とは何か？　これは大きな問題です。関係とは生きることそのものと言えます。関係なくして生きることはできません。二人の人間のあいだには、何らかの葛藤・欲求が生じます。この葛藤や欲求とそこから生まれる行為を関係と呼んでいます。家庭という社会が二人の人間の関係から生まれるように、社会とは私とあなたが作ったものです。あなたと伴侶との関係にも欲求があります。相手があなたの欲求をまったく無視して、またあなたが相手の欲求に答えないと関係は崩壊します。これはあなたと会社、あなたと対組織の場合も同じです。

一般に言う「愛」は、孤立した二人が何かの提携によって関係を保つことで、契約と本質は変わりません。人間の思考による契約は壊れやすいものです。恋愛は、この葛藤と欲求による行為の過程で刺激がともないます。しかし、刺激と葛藤から生じる緊張にはストレスや苦しみがともなうので、人間はこれも好まず安定も求めます。そうして、まどろんだ刺激のない淀んだ関係になったりします。刺激が大好きでその幸福感を幸福とする人は、浮気してさらなる刺激を求め、満たされることのない幸福感を求めさ迷います。しかし、「独りあること」を理解したなら、真実の関係が生まれる可能性があります。分離がなく、権利も義務も責任もありません。もし、真実の愛があるとしたら、それは「関係がない」関係ということではないでしょうか。

《関係Ⅱ》

私たちが世界と呼んでいるものは関係のことです。対象が人間であれ、組織であれ、それ以外の何かであっても、世界は「ワタシ」と「相手」の関係のことです。そうして私たちは、小さな人間であることを無視して、「この世界をなんとかしなければ…」と考えて、社会的な運動に参加しようとします。しかし、本当の革命は、自分自身の内面で起こる変容のことです。私とあなた、私と家族の関係を根本的に革命することによってのみ、世界が変わる可能性があります。世界とワタシは別々にあるものではなく、ワタシがつくったものが世界なのです。ワタシの抱えている問題は世界の問題で、ワタシの混乱が世界の混乱なのです。ですから、世界を知るには自分を知ることです。そのようなわけで、ありのままの自分を見ることが、幸福な世界を実現するために最初にするべきことです。

《真理》

無常・苦・無我・生・老・病・死・生滅・輪廻・四諦・無価値・無所有・縁起・独りあること・智慧・八正道・中道・あるがまま・今ここ…、いろいろな言葉を使いました。これらは同じひとつの真理です。

あらゆるものが刻々と変化している事実が苦なのです。変化することが生老病死なのです。変化を無常と言います。無常だから無我で、無常だから無価値で所有がないのです。そして、これらの真理は決して理解が難しいものではありません。理解する必要も探す必要もないのです。なぜならそれは、今ここにあるがままにあるからです。このような見方を智慧と言い、このような真理に則して生きることを、正道・中道と言います。そして、このような変化の法則を縁起と言います。

《名前と命名》

仏教を学ぶうえで、とても大切な言葉として、パーリ語の nāma ナーマという言葉があります。「名前」「名称」「命名」『名《みょう》』と訳されています。

名前とは不思議なものです。名前があるからといって、そのものが本当にあるわけではありません。八百屋さんに行って「野菜」をくださいと言っても、「何が欲しいですか？」と聞き返されるでしょう。野菜という実体はありません。トマトならあるとふつうは考えますが、それはあくまでも「名前」であって、実体としてあるそのものではありません。今、私とあなたが話題にしている『トマト』は、まちがいなく言葉です。実体はありません。それは、詳しく言えば「音」と「光」です。『トマト』という音声と、『トマト』という文字（光）です。私たちの脳、つまり認識や思考、「ワタシ」はすべて、このナーマという実体のない命名からできています。

私たちは、実体としてあるものにはあまり関心がなくて、ナーマに関心があります。その証拠に、歩いていて美しい花を見つけてそれに近寄るとき、一瞬眺めて「これはモクレンだ」と名前を得た瞬間に、その対象への興味がうすれて見なくなるはずです。この命名ですべてを理解したとはなはだしい思い違いをするのです。もし仮に、その対象に命名をしなかったら、それをただ見続けることになるでしょう。そこで、命名が起きるわけです。これはたいへん合理的で便利な、知識というツール、レッテルなのです。

「日本人」「中国人」「イギリス人」こういった名称もレッテルです。このレッテル、つまり「名前」には、その人特有の感情が入り込んでいます。レッテルを貼らなかったら、先ほどの美しい花と同様に、それらを一つ一つ見続けなければなりません。

あなたでも、ある民族を怒りのこころから「敵国」と命名したら、その対象を処刑することさえできるかもしれません。しかし、そのような「命名」をしなかったら、一人ひとりをていねいに見るしかありません。ありのままの人間を殺すことは、ふつうの人にはできません。このように人は、それが物質であれ、生き物であれ、人間であっても、レッテルを貼った対象を破壊することは平気なのです。このことが世界中で起きている大きな問題なのです。

ところで、日常あなたに起きている、この命名（ナーマ）という大問題のこころの働きの中心には、いったい何があるのでしょうか？　あなたの思考の中核にあるもののことです。霊魂であるなどと言わないでください。それは記憶であり、過去であり、言葉であり、それら一連の条件づけされた反応ではないでしょうか。この条件づけされた反応があるかぎり、あなたはあるがままのものを、あるがままに見ることはないのです。

《人間の業》

人間の世界をありのままに見てみましょう。前世期には、頭脳を使って核兵器を開発しました。世界中を巻き込んだ戦争が核爆弾を投下させました。殺りくが繰り返され、人間をはじめ多くの生命を殺し続けてきました。そしてそれはいまだに続いています。一見平和そうに見える現在も、そうした人間の行為の結果を受けています。私たちが敬愛する祖先の行為の結果です。キリスト教徒とイスラム教徒が激しく対立するのも、彼らの祖先が多くの異教徒を迫害した行為の結果とも見えます。こういったことが人間の無智から生じたことはまちがいありません。無智が貪欲を生み、怒り憎しみ、恐怖を現在に派生継続させているのです。そしてもし、今なお私がその憎しみの渦にはまっているのなら、私がその一翼を担っていることに違いありません。

世界が個人をつくったのではなく、私たち一人ひとりが世界をつくり、世界は私とあなたの延長にすぎないことを知るなら、私がこの怒り憎しみと恐怖を終わらせなければなりません。誰かがしてくれることではありません。私から始めないと、憎しみが終わることはないのです。それも、いつかではなく、今ここから始めるしか道はないのです。

《人間界》

人間の世界は不思議です。人間以外の生命の世界には、知性の差やこころの成長の差がほとんどありません。ところが人間の世界は違います。こころの成長差、人格の違いは、文字通り月とスッポン以上の違いがあります。人間以外の生命の世界では、個々は水平線上にあり、同等同格です。人間の世界は、地獄にいたる最下層から無辺境の涅槃まで、垂直線上となります。ブッダやマザーテレサさんのような智慧と慈しみがあふれた聖者がいるかと思えば、畜生以下とも思える無智、無慈悲で哀れな人間も、同じ人間界に存在するのです。このこと自体がとても不思議なことだと思います。

この人間界のありようは、人間界だけが「学び成長する」機会があることを意味しています。人間の生を得たことはチャンスなのです。ほかの生命はみんな同等同格なので、同属から学び成長することはできません。ですから、人間界でも、みんな同等同格と見てしまった人や、自分がいちばん優れていると見てしまった人のこころは成長しません。しかし、人間の世界は、ほかの人間から学び吸収して、こころと人格を無辺に成長させることができるのです。つまり、ブッダや聖者を神仏ではなく、私の先生、目指す人間として仰ぎ見、先生の話を聴き、学び、質問し、先生の真似をして、こころを成長させることができるのです。

その学びが修業であり冥想です。教材は、「自分の身体」「感覚」「こころの動き」「法」の四つです。ブッダは、私が死んだ後は、自らを灯明として道を歩みなさい、と説かれました。その自らとはこの四つのことなのです。

「比丘らよ、ここに唯一の道がある。それは、生きとし生けるものが浄らかになるため、悲しみと嘆きを乗り越え、こころと身体の苦しみがなくなり、もののあり方を正しく知り、涅槃を体験するための道である。その道とは、四念処、四つの気づきの実践である」

※四念処＝身・受・心・法　（身体・感覚・こころ・法）

日本テーラワーダ仏教会　初期仏教の世界より

《毎日あらゆるできごとに対して死ぬ》

私たちは日々の生活に疲れています。仕事の人間関係で、家族の心配ごとで。お酒を飲みに行けば行ったで、感情が高ぶり、つい飲み過ぎて…。こういった記憶を積み重ね、継続させれば、精神はくたくたに疲れます。「それらに対して完全に死ぬ」という考えはどうでしょうか？　自分の名前やできごとの記憶はあっても、それらに対して何の感情の痕跡も残さず、記憶の残骸からいっさいの影響を受けない純粋な精神でいることです。それが日々死ぬことであり、余すところなく生きるということではないでしょうか。

《流れに乗る》

仏教を理解して、ブッダの教えの流れに乗る、という表現があります。まず、次の偈を見てみましょう。お釈迦さまの言葉を編集した「ダンマパダ」と「スッタニパータ」という二つの有名な初期経典の、それぞれの一番目の偈を紹介します。

「すべてのできごとのもとにこころがあり、すべてはこころから生じた。もし人が汚れたこころで話し、行うなら、苦しみは彼につきまとう、車をひく牛の足に車輪が続くように」

ダンマパダ　一

「からだに入った蛇の毒をただちに薬で消すように、生じた怒りを速やかに取り除く者は、この世とあの世をともに捨てる。蛇が脱皮して古い皮を捨て去るように」

スッタニパータ　一

のちに大乗仏教の時代にいたって、華厳経に、日本中のお坊さんがお盆に唱える有名な「唯心偈」という偈文があります。「若人欲了知　三世一切仏　應観法界性　一切唯心造」です。大意は「もしも人が、過去・現在・未来の諸仏の教えを知りたいと思うなら、こころがすべてをつくると観察しなさい」ということです。この偈の言わんとする内容が、ダンマパダ一と同じであることは理解できると思います。考えてみれば、ブッダは難しい熟語を使うことなく、先の二つの偈のように、簡単な日常の言葉で、仏教の究極の真理を語られています。

二つの偈の意味を本当に理解したら、悟りの道にいたる流れに入った、と理解してもいいのではないかと私は思うのです。

すべての苦しみをなくし、ゆるぎない幸福へいたる道のカギは、自分のこころ以外にはないこと。怒りの感情は、自分が自分のこころでつくった猛毒で、生じた瞬間にそのこころに気づき、ただちに捨て去ること。人のせいにしたり、いっさいの言い訳は無用のこと。この気づきの実践で、この世もあの世も超えた涅槃にいたること。

たくさんの言葉や知識を集めることはやめて、今この瞬間から、気づきの実践をすることが、ブッダの教えの流れに乗ることではないでしょうか。

《セックス》

若者も大人も老人でも、多くの人が必要以上にセックスに思い入れをしています。生活費を節約する人でも、ほんの一瞬の快楽のために、大金を平気で費やしたりもします。セックス産業という言葉が示すように、セックスのために多大なお金と情熱、エネルギーを使っている人が少なくありません。四六時中セックスのことが頭のなかを占めている人は、四六時中食べることばかり考えている摂食障害の患者と同じく病気です。性的な欲望や妄想が現れたとき、欲しいのは快感です。そして、それは虚しい現実から離れる忘我です。それを与えてくれる相手が欲しいのであって、それは愛情とは違います。セックスがいろいろな問題を起こすことを知っているので、できるかぎり問題の起こらない相手を利用するのではないでしょうか。人生において性行為が重要な位置を占めている人は、ほかの喜びをあまり知らないということです。セックスだけが、唯一の忘我の手段であり、仕事や社会的な責任など、すべてのストレスから解放させてくれる希望となっているのでしょう。

不謹慎な話ですが、私はセックスと冥想は似ている面があると思います。その時間はすっかり自分を忘れ、すべてから解放される時間となるからです。違いは、セックスは安易で簡単です。昆虫でもカエルでもします。しかし、セックスにはそこにいたるまでにさまざまな葛藤がともないます。相手が必要で、場合によっては危険をともない、さらなる欲望が生まれてこころの成長はありません。いっぽう冥想は安易ではありません。学びと智慧が必要です。しかし、まったく害がなく、こころが成長します。セックスは、それはそれで善くも悪くもありませんが、冥想を学ばれることをお勧めしたいです。

《組織》

クリシュナムルティという賢者のお気に入りのジョークを紹介します。

悪魔とその手下がひとりの男のうしろを歩いていました。男が地面から何かを拾いました。

手下　―「奴は何かを拾いましたよ」
悪魔　―「奴は真理のかけらを拾ったのさ」
手下　―「それはあなたにとって、まずいのではないですか？」
悪魔　―「心配ないよ。奴があの真理のかけらで組織を作るのを手伝うのは俺なんだ」

仲よしグループ、学校、会社…。人は組織を好み、組織に入ることで安心を得ます。しかし、組織には安心と引き換えに、思ってもいない犠牲が含まれています。組織とは、そもそも分別することから始まるもので、そこには必ず排他的な要素が生まれます。さらに、必然的に上下関係も生じます。組織にとって大切となるのは、信念、信条、規則、思想などであって、人ではなくなるからです。どんなに言い訳しても、これは事実です。国家が戦争を選び、その国の若者を戦場に送り、多くの生命を犠牲にしている状況は今も続いています。

もし、家庭、親子や夫婦が純粋であるなら、そこにはなんら権利や義務による力関係、要求や犠牲はありません。要求や権利が生まれたときに、それは組織となって、そこに暴力的要素や犠牲が生じます。暴力のある家庭は独裁国家に似ていて、恐怖でつながっている組織です。

優しく親切であるために、教義や信条は必要ありません。まず「何も持たず」、「独りあること」が生命の基本です。ブッダは「犀の角のように独り歩め」と説いています。

第二十章　法語集

◇山門に掲示した法語などです。

☆聴くこと

即答する人は、ついに真実を知ることがない
言葉のあい間を聴く者は、すでに自由がある

鐘の音と鐘を打つあいだの静寂をともに聴くのです
こころに空間があるなら静寂があり
すべてのものはそこに訪れるのです

答えが大切なのではありません
答えは問いかけのなかにあります
答えを見つけようとせず、本質を問い続けることが大切なのです

真理を求める人は、決してそれを見つけることはできません
まず、こころのおしゃべりをやめることです
「真理」は、あるがままの今ここにあるのです

本当に人の話を聴くには、聴く前の態度が肝心です
それはこころに何もない空間をつくることです
聴くことに努力は要らないのです

☆道徳

学びは死ぬまで
道徳を守るは、老い朽ち果てるまで

人徳は、死の瞬間も、その後も役に立つ

規則法律はなぜできたのでしょうか
あなたのこころに道徳があるとき、規則はないのではありませんか？

良きことを繰り返すことが、徳や善ではありません
徳は、こころの静寂と慈しみから生じ、目に見えず顕われます

ブッダが勧める生き方は
社会に認められる生き方より
智慧ある人に批判されない生き方です

昨日より今日は少しでもましな人間になろう！
このような人生観が、現実的で楽ではないでしょうか

☆ **慈しみ**

すべての生きとし生けるものが幸せでありますように

慈しみには比較はありません
求めることも、望むこともありません

☆幸福

幸福を難しく考えるのはやめましょう
たとえば人の話が聴ける、自分はわからないから人に尋ねる
このような人は幸福なのです

結果や利益を求めることを当たり前と思っていませんか？
それらがなくなった姿が幸福ではないでしょうか

自分に何の重点も置かないと
人はとても幸せに生きることができます

こころが安らかで穏やかである
これにまさる幸福はありません

浄らかなこころで話し、行えば、
福楽はその人とともにある　自分の影のように　(法句経　二)

楽とは、思考が少ないこと
苦とは、あれやこれやと考え悩むこと
人間の問題は考えることです

思い出した幸せ、それは幸せではありません
幸せは過去にも未来にもありません
幸せは感覚ではありません
あなたが知っているのは、すべて過去です

意見や結論がないときに問題は解決しています
それが幸福のひとつの姿です

幸せがあるというなら、今ここです
幸せは求めるものではありません
幸せかどうか知ることは幸せではありません
幸せであると考えるとき、そこに幸せはありません

まちがった考えで幸福は崩れる
「自分の思いどおりになることが自由」
「自分の願いごとがかなうことが幸福」

吾唯足知
人間が求める幸福は苦しみである
それは現実をありのままに受け入れないこと、ではないでしょうか

悟った人には、大喜びもないし、
落胆し、憂うこともない
喜びと悲しみを越えて、淡々としているのでしょう
「結果を喜ぶ人」より、「過程を喜ぶ人」になる

☆怒り

感情が生じたら、感情に気づき、感情から離れる

怒ったら、怒らないこと

☆生死

死は幸福のキーワード
私もすべての生命も死ぬ、というありのままに気づけば、
貪欲はおさまり、怒りで人を支配することはありません

永遠の魂をつくりだしたのは、
死への恐怖と、いつまでも生きていたいという欲です
ブッダは、すべてが変化していることを観よ、と説かれました

死にたくない、そう思うのは
喜びがない、幸せがない、満足を知らない、ということではないでしょうか

死を怖れるのは、生き方を知らないということです
余すことなく生きる術を知っていたら、あなたは死を怖れるでしょうか

親の老い、親の病、親の死、
子どもの病、子どもの死、
自分の老い、自分の病、自分の死…
これらすべては私の管轄外です
手放すより道はありません

人生は虚しく苦しく最後は死ぬだけ…
これほど明るい言葉はありません

つべこべ言わずに死ぬ　死と触れ合う
死がやってくるとき、それはあなたと論議しません
それゆえすべてを手放すことが肝心で、それこそが幸福なのです

日常に起こるすべてのできごとを手放す
精神的に死ぬのです
そのとき初めて生に触れ合うことができるのです

念ずるのは希望でなく真実です
私は老います　病には勝てません　かならず死にいたります

　――一期一会――
私たちの人生はすべて一回こっきり
今の瞬間があるだけです
すべて捨てつつ、先に進んで、死ななければならない
これが真実です

大きなまちがいは、死を生の外にあると思っていることです
死は生の内にあります
生と死はコインの裏表であり、生と死は同質、ひとつなのです
死の恐怖を終わらせるには、死と直接触れ合わなければなりません
恐怖を生みだしているのは死ではなく、死という言葉だからです
あなたの知っている死、それは過去のものではありませんか

それは死のイメージであって、死ではありません
生死は、過去にも未来にもありません

人生は一度きりで十分です
未来や来世の希望に生きるのではなく
今を余すことなく生きるのが人生の正しい姿です

すべてのものごとは過ぎ去り、壊れるものです
生と滅、生と死、始まりと終わりは同質です
生じては滅するものです
これらすべての終わりこそが安楽です

☆手放す　捨てる

秋の木の葉のごとく、すべてを手放すのです
人生にはかり知れない幸福をもたらす何かを
受け入れることができるのは、そのようなこころだけです

自由とは、手放すこと、捨てることです
それは過去から完全に自由になることです

栗の実が欲しいなら
最初にホンモノの栗の実を捨てることから始めます
すべてを手放したときに、安楽、静寂が訪れます
知識や愛情も、信念も、例外ではありません
すべてを手放すのです

得る道と捨てる道
得る道は不自由へ、捨てる道は自由へ導く

鈍くて活気のない精神が、習慣をつくり、過去にしがみつきます
一瞬一瞬に気づきのあるこころは、過去も習慣もつくらず、
それこそが自由です

些細なことを手放す
毎日一瞬一瞬の小さなできごとを手放す
このことの大切さを、いつか知ることになるでしょう

捨てる、手放すということは
何ものにも依存しないということで、それが真の自由です

そこには何も持たずに到達しなければなりません
祈りも犠牲も努力も、何も持たずに到達しなければならないのです

☆自由

携帯電話を所有する　車を所有する
所有とは、それらに依存することです
所有物が多い人は依存が多く、不自由なのです

自由なこころとは、波立たないこころです

感情的になるのは、すでに負けているということです

信仰は人間が自由に考えることを嫌う
こう考えなさい、このように感じなさいと、自由を阻む

何かから自由になるのではなく、最終的に自由になるのでもなく
今この瞬間、最初から、こころが自由でなければなりません

考えることは自由でしょうか
確かに何を想うのも人の勝手です
しかし、その邪悪な思考で、人はみごとに不幸になります
智慧ある人は、思考（妄想）を捨てます

宗教、真実の探求に、権威は必要ありません
必要なのは、こころの静寂、沈黙という自由です

☆欲

物欲のある人は、物を手に入れても欲は消えません
かえって増えるのです
欲は満たせるものではないのです

自己主張こそが、私たちの葛藤と混乱、
不幸の原因ではないでしょうか
野心がなければ生きられない、というのもまちがいです

「必要なもの」と「欲しいもの」
この二つの違いをよく理解することです
必要なものは、苦労しなくても手に入ります

☆悲しみの終焉

悲しみは架空のものでも、観念でつくりだしたものでもなく、

本当にあるものだと、こころの底から理解することです
悲しみは事実なのです

自分が悲しみのなかにいることから逃げないこと
合理的に説明したり、意見をひと言たりとも言わないこと
悲しみとともに生きること
美しいものに慣れて、美を見失わないようにすることと同じように
悲しみとともに生きるのです

悲しみ、その本当の正体は怒りではないでしょうか
あの人がいなくなることを私が許せないのでしょうか

悲しみの終焉は、悲しみそれ自体において起こるのであり、
悲しみから離れて起こるものではありません

悲しみから決して逃げてはいけません
悲しみを説明したり　意見を言ったりしてはいけません

あなたが悲しみそのものとなるのです
ときが来たら、悲しみは変容し至福となりうるのです

☆喜び

小さな喜びに気づくことが大切です
そのような人が幸福であり
そのような人だけが、他者に喜びを与えることができます
満足は、何かを所有することでは得られません
満足は、ありのままを理解することから始まります
小さな喜び、小さな行為を大切に
生きることは、小さな瞬間の積み重ねです
これが幸福な人生の秘訣です

☆独りあること

娯楽を求めるのは内面が空しく鈍くて平凡だからです
宗教にすがるのも逃避ではありませんか
ゆえにブッダは、独りあること、自由を説くのです

組織は己を守るために保守的になります
真理の探究は独りあることで、集団でするものではありません

☆苦

失敗や大病、これらはチャンスと考えましょう
人生の本当の意味が理解できるのは、そのときです

仏教の真理としての「苦」は
思いどおりにはならない、という意味です

生は死で終わり、思いどおりにはなりません
生老病死は人生のセットメニューです
ひとつ外してください、はないのです　諦めます
苦しみは、なくすものではありません
理解するものです
なくすのは、苦しみではなく、「生への執着」です

☆無常

関係は常に変化するものです
ゆえに絶対に頼れる関係は存在しません
真理・真実・幸福は、時間のなかに連続してあるものではなく
今ここ、一瞬一瞬にのみ発見されるものです

自分もすべてのものも、絶えず変化すると知る人は
こころの平安を得る

いっさいの現象は変化していると智慧によって知るならば、
人は生きることを諦める（苦）これが幸福への道です　（法句経　二七七）

関係は大切です　家族関係、人間関係
しかし、関係はいかなる関係も、いずれ壊れる性質のものです
信念、信条（観念）も、いずれ壊れるものです

期待どおりに生きたいなら
いつも期待どおりにならない、と無常を常に念じることです

☆ありのまま

真に知るべきは、ありのままの事実です
ありのままの事実を知ることで、いっさいの争いは消えるのです

ものごとを何の歪みもなくありのままに見るということは
過去に対して完全に死ぬということです
記憶や知識はじゃまもので必要ないのです

☆**智慧**

覚者、智慧あるひとの入口は
自分が愚かで、嘘つきであると認めることです

大切なのは、ブッダの生き方でもなく、
大師の生き方でもなく、あなたの生き方です

妄想するなかれ、過去と未来にこころをさ迷わせることなかれ
ただ今の自分に気づき、不放逸に余すことなく生きよ

ゆっくりと丁寧に、日常の些細なことから
ひとつひとつ落ち着きを体得していけば

人生はいつでも落ち着けるようになります

ブッダが発見した真理は
自身の思考のプロセスの観察から始まりました

何ごとも最初の一歩が大切です
最初の一歩は、最後の一歩と同じだからです

何かに到達することは決してありません
あるのは学ぶ姿勢だけです
それなのに多くの人が到達したいと思っています
また、到達してしまっています

自分が嘘つきであることを知り、
その事実をありのままに見たら、
そのとき苦悩は終わっています

私たちの抱えている問題は、そもそも思考では解決できません
思考がないときに、問題は解決しています

気づきは、秩序や調和を生み出しますが、
決して習慣を生み出すことはありません

生命は、いつも何かを探して、
忙しく動きまわっています
何もしないと苦しいからです
菩提とは、何もしないで、じっとしていられる境地のことです

☆悪人と善人

仏教に入門するにはまず、自分が悪人であると自覚することです
しっかりそれを認め、いっさい言い訳しない人を、善人と言います
ほんの一瞬でも腹が立つ人は、自分が善人だと思っているのです

すっかり自分が悪人であると認めたら、腹が立つことはありません
自分が悪人であり、愚者であると認めることが、仏教の入口です

おわりに

本を書きたいと思ったきっかけは、近所のお寺の奥さんに子どもができたことでした。その頃私はすでに五十歳を越えて、子どもは自立し一応の子育ては終わっていました。正直なところ私の子育ては大失敗の連続でした。百点満点で点数をつけるなら、一〇点もありません。しかし失敗から学ぶことは多く、今から子育てをするなら、もっと智慧のある子育てができると思っています。また、私はその頃から真剣に初期仏教を学び、気づきの冥想を実践していました。そして、私が学んでいることを若いお母さんたちに伝えたいと願うようになりました。それは、お母さんが変われば、子どもは変わるからです。人の話を聴けるお母さん、智慧のある頭の柔らかいお母さんに育てられた子どもは、どれほど幸福だろうと思ったのです。しかし、そのような若い世代のお母さんたちは忙しいし、だいいち私の話になど興味を持ってくれません。それならせめて、積極的に文章にして自分から届けようと考えたのです。次に、学校で子どもに接している先生方へも、この本を贈りたいと思いました。あわただしい教育現場の先生方に、「そんなにあわてて教えるべきことはないですよ！」と、こころのゆとりを持ってほしいと思いました。

私は三十代の前半に小学校教員を辞めました。天職でこんなにすばらしい仕事はないと思っていましたので、まさか自分から辞めるとは思っていませんでした。悲痛な思いでかわいい子どもたちがいる教室を去りました。当時は今以上に青二才の未熟者でしたが、未熟ながら子どもを幸福にするには、まずそばにいる大人が幸福であること、親が幸福で、先生が幸福なら、子どもは放っておいても幸福になると考えていました。しかし、当の私自身がこころの底から、「私は幸福です」とは言えませんでした。私はブッダの説く、本当の幸福を知りたいと思いました。それには今持っているものを捨てて、未知の世界に飛び込む必要があると直感したのです。それで教員を辞めて、養鶏をしながら真理の探究を続けました。とにもかくにも私は未熟で、後悔した時期もありましたが、今頃になってようやく、自分のとった行動の真意が自分で納得できるようになりました。

仏教に興味を持って、ブッダの教えを学び始めたのは、今から四十年も前の十代の終わり頃です。その頃から一貫して変わらないことがひとつだけあります。それは、私のアイドルはあの頃も今も、ずっと変わらず、人間としてのブッダ（お釈迦さま）であるということです。これはお寺の子として育ち、日本仏教の祖師信仰と先祖崇拝の盛んな地域で生きてきた私にとっては、決して当たり前のことではなく、むしろ風当りが強くて、なぜそこまでして…と思うほどに険しい道でした。そして、ホンモノのブッダの教えに出会うまでは、長く時間のかかる道でもありました。ブッダの説いた真理の影はあって、その影を長い時間をかけて追い続けていました。しかし、どんなに努力しても、私の力だけではホンモノのブッダの教えを見つけることはできませんでした。「こんなものかもしれない」とあきらめかけた四十代の終わり頃に、私は不思議な縁で、上座仏教の長老がお書きになった一冊の本に出会うことができました。この出会いは経典にある、「たとえば目しいたる亀の、浮き木の穴に遇えるがごとし」(それはあたかも、大海にさ迷う盲目の亀が、漂う浮き木の節穴に頭を突き出すほどの偶然…)という言葉がピタリとくるできごとでした。生まれがたき人界に生を受け、遇いがたきブッダの教えに出会い、このたび離れがたき輪廻の絆を断つ機会に恵まれたのです。これこそが、喜びのなかの喜びです。

南伝の初期仏教の長老が、何の縁なのかわざわざ日本に来られて、日本に伝わっていないブッダの教えを日本語で説き始められていたのです。この事実は、たとえ多くの人が認めなくとも、私は日本の仏教史上の革命的なできごとだと思っています。

そして、その本を読み終えるのを待つこともなく、その本に書かれてある「こころを育てる実践」、つまり冥想を始めました。あれからすでに五、六年の月日が経過しました。毎朝、長老方の本を経典がわりに勉強し、少なくとも一時間以上、慈しみの冥想と気づきの冥想を勤めています。その実践から、こころに何もない空間が生まれて、そこがブッダの智慧の源泉ではないかと、今私は考えています。そうした自ら体験した仏教から、檀家さまや出会う人々に、私の体得したブッダの教えを私の言葉で語るようになりました。この本は、その私の実践から体得したブッダの教えを一冊の本にまとめたものです。
今になって思えば、これこそが正真正銘の私の「念仏」なのだと理解しています。仏随念と言って、ブッダを常にこころにとどめて思うこと、ブッダを目指す人間としてその徳を念ずることです。その功徳の結果、スマナサーラ長老はじめたくさんの先達の説かれた法にめぐりあうことができ、こころの安らぎを得て、この本を書くことができました。最後までのご傾聴まことにありがとうございました。願わくは、私はまわりの人々とともに実践しながら、この道を完結できれば幸いです。

劣禿　吉水秀樹　南無帰依三宝

追記　今回初めて本を書きました。私の読みにくい文章を編集・校正したのはプロではなく、吉水容子です。また、初期仏教の学友のみなさんにもたいへんお世話になりました。ありがとうございます。

☆お知らせ

『みんなの仏教』

寺では毎月、「みんなの仏教」という冥想と法話の会を開催しています。気づきの冥想やお釈迦さまの教えに関心のあるすべての方々が対象です。初心者を対象にした冥想指導も行っています。興味のある方はメールにてご連絡ください。（anyouji28@outlook.jp）

『ブッダの冥想研究会』

仏教という枠組みにもこだわらずに、広くブッダの冥想の本質を話し合う会です。現在はクリシュナムルティ師の「神話と伝統を超えて」ＤＶＤを鑑賞した後に、読書研鑽会や座談会を開いています。

（原則、第四日曜日午後に開催）

また、facebook「みんなの仏教　安養寺」には、冥想日記を更新掲示しています。

〈冥想会参加者の声〉

二回目の参加です。瞑想のいちばんの効能は心が穏やかになることです。今この瞬間に集中することで、心のなかが整理されて余分な思考の影がうすれてしまいます。今の瞬間を一〇〇%感じきると、自分がふだんいかに時間の上面をすべっているのかもわかります。この瞬間の景色、音、匂い、感覚、すべてがすばらしく尊いものであることに気づけます。そして、今を生きていることへの喜びでいっぱいになります。毎日のことがらに追われて思考にまみれている心の安らぎの場となるのでしょう、瞑想後は、本当に心穏やかに、感謝で満ちあふれています。ふだんの暮らしに瞑想習慣を少しずつでも取り入れていきたいと思っています。

（五十代女性）

冥想を体験してみて、私は自分のこころをより静かに、沈黙させることができると気づきました。

はじめは、冥想のあいだ、説明で聞いたことを実行しようと注意を集中しました。そうしていると、こころのなかにたくさんの思考が現れました。時間がたつにつれて思考は減っていき、私のこころに起こる思考のプロセスに対する気づきが増していきました。視覚、聴覚、触覚はいつでも刺激を受けていて、その刺激が記憶を喚起します。記憶は私のこころを過去や未来に連れていきます。さらに時間がたつにつれて、私は瞬間瞬間に、「今にいる」と前よりも感じるようになりました。外界の刺激によって、こころに起こるプロセスを感じ、そこに気づくと、それに関する思考は消えます。しばらくすると、感覚がとらえたほかの刺激によって同じようなことが起こり、それに気づくと、それに関する思考もまた消えます。

座る冥想は一時間、行いました。最初は長い時間だなぁと考え、自分にはできないのではないか、眠ったり、そのあいだじゅう何かを考えていたりするのではないかと思いましたが、やってみると、時間はとても早くたったと感じ、自分が安らいでいるのを覚えました。

最初に歩く冥想をしたおかげで、座る冥想のはじめからこころが静かで、「今」にいることができたと思います。

自分が信じている現実とは、自分の五感で感じとったものにすぎず、いつも過去の経験に影響され、じゃまされているのだとわかりました。

歩く冥想では、動きを感じることへの集中が、自分をその瞬間の「今」にとどめるのに役に立ち、座る冥想では、呼吸に集中することが役に立ちました。

私はこの数日間で、さまざまな歩行のリズムを体験し、また、自分を観察して、五感に入るたくさんの刺激が次々に引き起こす滝のような反応に対して、何もせずにただ観察するという経験をしました。

瞬間瞬間の感覚と自分の思考に気づくことで、自分のなかで何が起こっているのかがわかるようになりました。たくさんの概念、感覚、思考が起こっていて、それを観察することができました。たとえば温かさや冷たさの感じなど、ある感覚がどのように現れ、少したつと消えていくのかを観察するのは、興味深いことでした。

思考と感覚が永続しないとわかること、そして思考と感覚がどんなふうに起こり、どうやって自分をその思考や感覚から切り離すかがわかることで、冥想のプロセスが軽やかで楽しいものになります。とても感謝しています。

（四十代　ブラジル人女性）

春の心地よい空気につつまれて、歩く冥想、座る冥想、お茶を飲む冥想、法話を体験しました。歩く冥想では、鮮やかな春の息吹を五感で感じつつ、すべてのものに命があり、すべてのものが生かされていて、自分もその一部なのだと実感しました。木々や草木、鳥のさえずり、ふだんはうとましく思える虫の羽音さえ愛しく、ここにあるがままの真理とあるがままの幸福があると思えました。座る冥想では、自分が知らず知らずに心の奥底にしまっていた箱を突然開かれて、その中身をまのあたりにして、同時にそれが拡散し、スッキリ消えてしまうという体験をしました。閉じ込められていた負のエネルギーが、プラスのエネルギーで中和された感じです。常に時間に追われ、心のなかが妄想で占め尽くされる毎日ですが、冥想の時間を持つこと、あるがままの幸福を感じることで、すべての負のエネルギーが中和されるだろうと思います。

（五十代女性）

初めて一日冥想会に参加させていただきました。一つ一つが充実していたというのが実感です。野外での歩く冥想は、ふだんよりも音や光、すべての存在を大きく強く感じました。歩く足の裏の感触、笹の葉がヒラヒラと落ちるようす、まるで風が見えるような…。今ここにあることを一瞬一瞬感じ、幸福のなかにいました。法話では「手放すこと」「道徳を守り浄《きよ》らかに生きること」など、日頃、自分がなんとなく大切だと思っていたことを仏教の教えを通し伝えてくださることで、腑に落ちることが多々ありました。冥想会に限らず、ふだんの生活のなかで、「気づき」を保つことで、日々の暮らしがより深いものになっていくことを期待しています。

（四十代女性）

日本への旅行を計画していたとき、私は仏教に触れてみたいと思っていました。でも、そこで起こることが夢に見たこともないほどエキサイティングであるなんて、そのとき、私には想像もつきませんでした。

最初の日に、翌日の冥想に向けて学んでおくとよいポルトガル語のテキストを選んでもらいました。そして、私たちは冥想の実践に入り、私はついに自分がどこにいるかに気づきました。私は、竹林と蓮の花にかこまれた京都のお寺での「歩く冥想」のなかで、自分自身を見たのです。ゆっくりと木々を揺らす風の音、初々しい若葉の輝く緑……。

今思い出すいちばん強烈なイメージは、半ば開かれた（その向こうには墓地が見えています）障子の前に、「死」と書いたカードを手にして座っていた吉水さんです。その瞬間まで、私は本気で死について考えたことはなかったと思います。冥想を実践し、ブッダのダルマを学ぶことで、私はなんらかの真理に、ときに私のこころを静め、また混乱させる、生のシンプルな真理に近づけたという感じがしました。吉水さんが私たちに問いかけた、「なぜ、あなたは動くのですか?」「なぜ、あなたは食べるのですか?」あるいは「思考は自由ですか?」というような質問さえも、理解するのは簡単ではなく、けれども同時に、とてもシンプルでした。それから、彼は「答えは重要ではありません」と言うのでした。宇治で過ごしたあの時間は、本当に美しくてすばらしかったです。

（二十代ブラジル人女性）

推薦の辞——人間・自然・人生についてより深く理解することを願っている方へ

仏教について事実上門外漢だった私に、原始仏教とブッダ直説の研究・紹介に尽力してこられた正田大観氏から『ブッダとクリシュナムルティ——人間は変われるか？』の翻訳・出版について打診があり、吉田利子氏の協力を得て二月に刊行しました。

このたび、それに続いて、その正田氏が主宰している原始仏教の勉強会に参加しておられる吉水氏が書き下ろされた本書を刊行する運びとなり、一気にブッダと仏教についての視野を広げる機会に恵まれ、とてもありがたく思っています。

吉水氏はまたクリシュナムルティにも関心をお持ちで、氏のそうした幅広い知見が本書の内容をより深いものにしています。また、やはり正田氏から教えていただいたブッダとクリシュナムルティに関する論考中にある次の指摘を読んで、二六〇〇年の時を一気に乗り越えてブッダとクリシュナムルティがつながってきました。

ブッダは宗派や組織宗教、儀式・祭礼、教義、哲学的信念を教えることも、勧めることもしませんでした。

ブッダの「教え」は大乗でも小乗でもありません。彼はダンマを——本来の普遍的な法則——真理——を教えたのです。

大乗や小乗などという言葉が広がり始めたのは、ブッダが亡くなって五百年ほど経ってからです。ブッダの教え全体（ティピタカ）は、彼が大乗や小乗と呼ばれる宗派を樹立しなかったことを証拠立てています。

本書にはブッダ直説についてのわかりやすい解説だけでなく、著者自身の深い体験に裏打ちされた〝腑に落ちる〟洞察が随所にちりばめられています。特に「第十七章　日本人の知らない仏教」は、私たちの蒙《もう》を大いに啓《ひら》いてくれるでしょうし、「第十九章　冥想日記」と「第二十章　法語集」にはブッダの教えに深く通じるために役立つ智慧の言葉が満載されています。

さらに、本書を一貫して流れている〝思考〟についてのブッダの洞察は、空気のような存在になっている思考が実は人間の危機にいかに大きく関わっているかを私たちに教えてくれ、これもまた本書を現代人にとってきわめて意義深いものにしています。

たまたま現在刊行準備中の『ボームの思考論』（仮題）は、クリシュナムルティの畏友であった理論物理学者デヴィッド・ボームが書いた思考の本質についての対話形式の論考集ですが、その中で語られていることが、吉水氏が指摘しておられるブッダの思考についての洞察と驚くほど通底しており、『ブッダとなる瞬間』の刊行との意義深い共時性が感じられます。

大野純一（翻訳家／コスモス・ライブラリー代表）

■ 吉水秀樹（よしみず　ひでき）

1959年、京都生まれ。元小学校教員、
現安養寺住職。

『ブッダとなる瞬間　マインドフルに生きる』

2016年8月25日　第1刷発行

発行所　㈲コスモス・ライブラリー
発行者　大野純一
〒113-0033　東京都文京区本郷3-23-5　ハイシティ本郷204
電話：03-3813-8726　Fax：03-5684-8705
郵便振替：00110-1-112214
E-mail：kosmos-aeon@tcn-catv.ne.jp
http://www.kosmos-lby.com/
装幀　瀬川　潔
発売所　㈱星雲社
〒112-0005　東京都文京区水道1-3-30
電話：03-3868-3275　Fax：03-3868-6588
印刷／製本　シナノ印刷㈱
ISBN978-4-434-22400-3 C0011
定価はカバー等に表示してあります。

「コスモス・ライブラリー」のめざすもの

古代ギリシャのピュタゴラス学派にとって〈コスモス Kosmos〉とは、現代人が思い浮かべるようなたんなる物理的宇宙（cosmos）ではなく、物質から心および神にまで至る存在の全領域が豊かに織り込まれた〈全体〉を意味していた。が、物質還元主義の科学とそれが生み出した技術と対応した産業主義の急速な発達とともに、もっぱら五官に隷属するものだけが重視され、人間のかけがえのない一半を形づくる精神界は悲惨なまでに忘却されようとしている。しかし、自然の無限の浄化力と無尽蔵の資源という、ありえない仮定の上に営まれてきた産業主義は、いま社会主義経済も自由主義経済もともに、当然ながら深刻な環境破壊と精神・心の荒廃というつけを負わされ、それを克服する本当の意味で「持続可能な」社会のビジョンを提示できぬまま、立ちすくんでいるかに見える。

環境問題だけをとってても、真の解決には、科学技術的な取組みだけではなく、それを内面から支える新たな環境倫理の確立が急務であり、それには、環境・自然と人間との深い一体感、環境を破壊することは自分自身を破壊することにほかならないことを、観念ではなく実感として把握しうる精神性、真の宗教性、さらに言えば〈霊性〉が不可欠である。が、そうした深い内面的変容は、これまでごく限られた宗教者、覚者、賢者たちにおいて実現されるにとどまり、また文化や宗教の枠に阻まれて、人類全体の進路を決める大きな潮流をなすには至っていない。

「コスモス・ライブラリー」の創設には、東西・新旧の知恵の書の紹介を通じて、失われた〈コスモス〉の自覚を回復したい、様々な英知の合流した大きな潮流の形成に寄与したいという切実な願いがこめられている。そのような思いの実現は、いうまでもなく心ある読者の幅広い支援なしにはありえない。来るべき世紀に向け、破壊と暗黒ではなく、英知と洞察と深い慈愛に満ちた世界が実現されることを願って、「コスモス・ライブラリー」は読者とともに歩み続けたい。